JN065514

障害をもつ人の生涯学習支援

インクルーシヴな学びを求めて

24の事例

小林繁・松田泰幸
「月刊社会教育」編集委員会 編

旬報社

はじめに

本書は、タイトルのように障害をもつ人の生涯学習、つまり子ども期から青年・成人期、さらには高齢期にいたる文字どおり生涯にわたる学習文化活動（スポーツを含む）の保障・支援をテーマにしています。このテーマは、特に１９９０年代以降、生涯学習という言葉が広く認知され、政策的にも各自治体等で生涯学習を掲げた様々な事業が進められ、またいわゆるカルチャースクールなどの民間教育文化産業、さらにはＮＰＯなど民間レベルでの取り組みも広がってきているなかにあって、障害をもつ人への、特に学校卒業後の学習文化保障と支援の課題が必然的に浮かび上がってくることを意味しています。

しかしながら、障害をもつ人が障害をもたない人たちと同じように、身近な、例えば公民館、図書館、博物館、スポーツ施設や文化センターなど様々な学習文化関係施設・機関等で自分の興味関心やニーズに応じて学習文化・スポーツ活動などに参加できているかといえば、残念ながらそうはなっていないのが実状です。その意味で、生涯学習政策の基本理念である「国民一人一人が、（中略）その生涯にわたって、あらゆる機会に、あらゆる場所において学習することができ、その成果を適切に生かすことができる社会の実現」（教育基本法第三条）のためには、障害をもつ人への学校教育以外、そしてそれ以後の学習保障が当然求められてくるし、それなくしては生涯学習社会の実現はありえない。近年の文部科学省における「特別支援教育の生涯学習化にむけて」（２０１７年４月７日の文部科学大臣文書）という政策テーマも、このような課題意識から出てきたものであるといえるでしょう。

そうした現状を踏まえ、本書は障害をもつ人の生涯にわたる学習文化活動の機会を保障する展望とそのための課題を明らかにすることを意図して、主としてこれまで『月刊社会教育』（国土社および旬報社刊）に掲載された比較的最近の記事を再構成したものであり、以下のような内容構成になっています。

まず、第1章では、障害をもつ人の生涯にわたる学習文化活動を支えるために何が必要とされるかについての基本的な視点と論点が示されています。そこでは、とりわけ従来の社会教育関係に加え、特別支援教育や福祉・医療関係さらにはＮＰＯなど幅広い分野での取り組みの広がりに着目することを通して、生涯学習支援の新たな可能性を見出せるのではないかということが仮説的に提示されています。

それを受け第2章では、一般に障害者青年学級と呼ばれる取り組みについて、東京を中心に埼玉、和歌山、名古屋での事例が紹介されています。特に東京では、社会教育事業としての長い歴史があり、しかも都内のほとんどの自治体で実施されてきており、このような先駆的な取り組みが今後全国の自治体に社会教育事業として広がっていくことが期待されるわけですが、そのための条件や課題についても論じられています。

続く第3章では、日々の暮らしと自由時間としての余暇を豊かにし、生活の質（ＱＯＬ）を高める取り組みとして、日常の生活支援や居場所づくり、スポーツ活動の支援、さらには恋愛や結婚といった難しい課題へのアプローチなど、従来の社会教育や福祉行政だけではなかなか対応できない個別支援のあり方についても紹介がされています。そこからは、ＮＰＯ法人や福祉法人など民間レベルでの取り組みへの期待と可能性を見てとることができます。

一方、第4章では、以上のような取り組みにおいて必然的に問われてくる人権や生きづらさの問題に関わる課題と事例が紹介されています。２０１６年に神奈川県の入所施設で起きた凄惨な殺傷事件は、大きな衝撃とともに、その裾野に伏在する障害をもつ人への差別・偏見がいかに広く、根深いものであるかを明らかにしました。そうしたなかにあって、この間地道に取り組まれてきているサークル活動、居場所づくり、喫茶（カフェ）などのもつ意味と役割の重要性を確認することができます。

さらに第5章では、特に近年の注目すべき学習文化支援の事例が紹介されています。学校卒業後の学びの継続を「専攻科」という形で展開する新しい流れやより系統的で専門的な学習の場へと発展させる取り組み、そして大学が直接学習を支援する取り組みなどからは、障害をもつ人の学びの広がりと多様な学びの形態があることともに、様々な社会的資源を生かすことによって新たな学びの可能性を拓くことができることが読みとれるでしょう。

最後第6章は、本書のサブタイトルにあるインクルーシヴな学びに向けての課題提起となっています。障害をもつ人だけではなく、言語や生活様式さらには病気や貧困、性やジェンダーなど様々な要因や属性によって社会的に排除されてきている人たちを包摂（インクルージョン）する生涯学習支援をどのように構想していくのか、という視点の重要性とそこでの基本的論点が提示されています。

以上のようなテーマと内容を通じて、本書が全国での障害をもつ人の生涯にわたる学習文化支援の取り組みの広がりと発展に少しでも貢献できれば幸いです。また、そうなることを願っています。

なお、先に紹介したように、これまで掲載された記事を再構成した関係で、文体や表現形式は執筆者によって様々です。また「障害」、「障がい」、「障害者」、「障害をもつ人」、「障害のある人」、「しょうがいしゃ」などの表記についても、執筆者それぞれの判断に委ねられています。今後、こうした表記をどのようにしていくのかは、継続的に検討すべき大事な課題でありますが、基本は、障害者の権利条約など国際的な条約や宣言、障害の分類表記等にしたがって対応していくことが必要であると考えます。

最後に、厳しい出版事情のなかにあって本書の出版を快く引き受けていただいた旬報社の熊谷満さん、ならびに編集を担当いただいた今井智子さんに心より感謝申し上げます。

2021年8月　編者

目　次

第1章

障害をもつ人の生涯にわたる学習文化活動を支えるために

小林　繁

障害をもつ人の学習文化支援のあり方を考えるとき、この間、文部科学省（以下、文科省）が、障害をもつ人の生涯にわたる学習文化・スポーツ活動の支援を政策的に打ち出したという点が注目されます。1990年に成立した生涯学習振興整備法（略称）の目的に沿った施策の実施状況に関して、1996年に当時の総務庁行政監察局が報告書を出し[1]、自治体による障害をもつ人を対象とした、あるいは障害に配慮した学習・文化事業の数がきわめて少なく、障害者の学習文化支援がほとんど進んでいないことの問題を指摘するとともに、「勧告」という形で早急な施策の実施を求めた時期がありました。

その後、2006年の教育基本法の改訂により、障害をもつ人の教育保障の条文が新たに盛り込まれたものの、政策的には具体的な動きは見られなかったなかで、今この時期に文科省が先のような施策を実施するにいたったのか、その動向を紹介するとともに、このような状況だからこそ、障害当事者の生涯にわたる学びを保障していくうえで、これまでの様々な取り組みや実践のもつ意義や役割を積極的に発信していくことが求められていると考えます。

同時に、2016年に「障害を理由とする差別の解消の推進に関する法律」（以下、障害者差別解消法）が施行されましたが、現実に障害をもつ人への差別の問題が解消されたとはとてもいえず、むしろ、差別や偏見の根の深さと広さが鮮明になってきているといえるのではないでしょうか。その端的な事例が、あの痛ましい「やまゆり園」事件であり、施設等で繰り返される虐待事件であり、そして旧優生保護法下での強制不妊手術をめぐる問題や近年の出生前検査技術の進歩と普及を通した優生思想の広がりであるといえます。その意味で、障害をもつ人の人権と差別の問題が厳しく問われてきていることを強調しなければなりません。さらに現在のいわゆる新型コロナウィルス感染拡大のなかで、障害をもつ人の生命そのものが脅かされるような状況にあることも指摘しなければなりません。

本章では、以上のような問題状況をふまえ、障害をもつ人の生涯にわたる学習文化活動を保障するとともに、差別や偏見に向き合い、抗する障害当事者のエンパワメントを支える主体的な学びから、それがさらにノーマライゼーションにつながる協同の学びへと発展していく可能性と課題について考えていきたいと思います。

1　障害者青年学級の現在

障害者青年学級のはじまり

障害をもつ人に対する学習支援を目的とした学級・講座やスポーツ・レクリエーション教室等の開催、グループ・サークル活動を支援する取り組みなどのなかの代表的なものが、一般に障害者青年学級（教室）と総称される取り組みです。その形態も活動の中味も様々ですが、主に市町村自治体の社会教育行政が実施している事業に加え、特別支援学校がいわゆる同窓会活動の一環として行なっている事業があります。それが、教員などが中心となり定期的に卒業生を主たる対象として実施している青年学級であり、その代表的な事例として、１９７３年に開設された京都府の宮津青年学級があげられます。

当時、与謝の海養護学校の卒業生からの「週に一回集まって、勉強したり、スポーツをしたり、歌を歌ったり、レコードをきいたり、そして何より困っていること、悩みを、全部話したら、すうっとして、また次の日からがんばれるのではないだろうか」という要望に応え、このような活動を通して「職場に定着できるのではないか」という願いと期待のもとで取り組みが始められたということです[2]。そのほかにも、福祉施設等での文化活動やサークル活動など、さらには民間有志や親の会などが行なっている取り組みなどがあげられます。

以前に特殊教育総合研究所が実施した調査[3]によると、２００３年度段階でこうした学級は全国で３１６あり、そのうちの養護学校（当時）や心障学級等が運営主体となっている学級は86と最も多く、次いで教育行政関係が64、同窓会および保護者などが中心となって運営されているところが55、育成会や福祉関係団体・施設等が53、有志の団体等30、福祉行政関係が4、その他の法人（ＮＰＯも含む）が４などとなっていました。

障害者青年学級の成立は、東京都墨田区内の中学校の「特殊学級」を卒業した知的障害をもつ青年たちの同窓会を定期的に行なっていた教員と保護者が、社会に巣立っていった卒業生を非行から守り、継続して仕事などができるよう学習文化・余暇活動を保障する機会と卒業後も安心して集まれる場を求めて区の教育委員会に要望を出し、その結果、１９６４年に「すみだ教室」が開設されたのが始まりです。

その後、東京を中心に障害者青年学級の取り組みが広がっていくわけですが、その背景として、東京都における１９７４年からの就学希望障害児全員入学、さらに１９７９年の養護学校教育義務制実施などにより、障害をもつ児童の義務教育の保障がなされ、そのことが学校卒業後の学習機会を求める父母等の要求につながったことなどがあげられます。ただ、この当時所管は形式上社会教育行政でしたが、実際の企画運営や指導等は学校の教員が担い、また会場も学校であったことなどから、学校教育の延長としての性格が色濃く出ていました。

そのような問題が意識されるなかで、学級の企画運営や学習方法・形態に関しても社会教育としての取り組みが追求され、教員主導から社会教育職員と市民（ボランティアスタッフなど）による運営、そして会場も公民館等の社会教育施設へと、徐々に社会教育の事業としての内実を整えていきます。これ以降、新たに学級を開設していった自治体では、はじめから社会教育の事業として位置づけていく流れが定着していくのです[4]。

なお、これらの学級での主な活動としては、日常生活に必要な基礎学習、料理、音楽や絵画等の自己表現活動、見学やスポーツ・レクリエーションなどがあげられますが、近年では、コース別のプログラムを提供するなど、一人ひとりの障害の程度や要求に合わせた対応もされているのが特徴となってきています。

青年学級の広がりとそこでの課題

こうした青年学級の実践は、特に学校を修了した障害をもつ人へ学習文化活動の機会を提供するという点で大きな役割を果たしてきているわけですが、それらの多くが人的および物的条件に左右されたり、また個人的な努力に任されているといった問題から見て、学習権の公的保障の観点から教育行政が社会教育事業として実施している障害者青年学級は重要な役割を担っているといえます。

しかしながら、全国での障害者青年学級の取り組み状況を見ると、ほとんどが首都圏のほか東海、関西地域の一部に限られているのが現状です。そのようななかにあって、東京都の島しょ部を除くすべての特別区とほとんどの市町村では障害者青年学級が社会教育事業として実施されており、先の墨田区をはじめとして50年以上経過してきているところも少なくありません。また、特に三多摩地域では、社会教育施設である公民館等を中心に地域とつながった多面的な性格と機能を生かした活動を展開している点が特長となっています。

ただ、このような学級では現在多くの問題や課題を抱えており、そのなかでも高齢化と障害の重度化および重複化といった参加メンバーの属性に関する課題、学級生の増加などによって個々人のニーズや障害の種類・程度等に対応したきめ細かいプログラムなどが組めず、活動がマンネリ化してきているといった問題、さらに活動を支えるスタッフ・ボランティアの確保と養成の課題、そしてそれらの土台にある社会教育行政の体制の問題、つまり専門職員の配置や必要な予算の確保といった事業運営に欠かせない条件が後退してきているという問題があります。

かつて日本特殊教育学会が関東地域の80余の障害者青年学級を調査した結果[5]によると、そこでの主要な問題として、財政的な不十分さ、スタッフの不足、行政の理解・協力の欠如、参加者の増加、年齢・障害程度の格差による個別ニーズへの対応の不十分さなどが指摘されていましたが、こうした問題が現在ではさらに深刻化してきているのです[6]。とりわけ、参加者の増加に伴う高齢化、障害の重度化などは、福祉的な対応を含めた学級運営の在り方の再検討を迫っているといえます。

主体的な活動の模索と今後の可能性

そして同時に、上述のような問題は、障害当事者による主体的運営の可能性とそのための課題を浮かび上がらせることになります。プログラムづくりから当日の運営まですべて職員とスタッフ等で行なうというのではなく、学級のメンバーもプログラムづくりや実際の運営に関わることによって、責任の自覚も含めた社会的自立を促していく課題が意識されてくるからです。その注目すべき取り組みとして、事業の内容や運営について学級のメンバーの要望や意見が反映されるよう話し合いを通じて、メンバーの自治活動を発展させてきた事例や青年学級への参加期限を設定し、その後は自主学級への移行さらに自主グループ化へという一連の流れとプログラムを想定した学級運営を目指してきているところもあります。

例えば、１９７４年に開設した町田市の「障がい者青年学級」は、当初20名余であったメンバーがその後飛躍的に増加したために、３つの学級に分かれて活動が展開されるなかで、米国から紹介されたピープルファーストの活動[7]や手をつなぐ育成会本人部会への参加などを通して自主グループ活動への機運が生まれ、２００４年の「とびたつ会」の誕生へつながっていくのです。会は、会費制を原則にしながらコンサートの企画、映画の上映会や講演会への参加、学習会など様々な活動が行なわれています。

そのなかでも、とりわけ１９８８年から開催されてきている「若葉とそよ風のハーモニーコンサート」では中心的な役割を担い、これまでの活動のなかで積み上げてきた思いや夢を詩や音楽に託して表現する取り組みを公民館の協力を得ながら実施しています。また学習会も生活に関わる課題だけでなく、平和問題や憲法と人権問題等をテーマとして積極的に取り組まれている点が特筆されます。

一方、長年参加してきた障害者青年学級のメンバーが自主グループを立ち上げ、その活動をＮＰＯ法人が支援していくという取り組みも生まれてきています。それが、西東京市の「ぐるーぷ・もみじ」の活動であり、それを支えるＰｉｐｐｉの取り組みです。「ぐるーぷ・もみじ」の主な活動は、地域での自立にむけての話し合い、料理づくりと食事会、水泳や手芸、スポーツ大会への参加などです。

またＰｉｐｐｉは、障害をもつ人の学習文化活動と生活を支援していく目的でつくられたＮＰＯ法人です。そこでは、「ぐるーぷ・もみじ」の活動を支援するとともに、障害をもつ人のレクリエーション事業（宿泊体験学習、ハイキング、見学会など）、ボウリングや室内運動そして水泳などのスポーツ活動、移動や日中一時サポートなどの地域生活支援事業、グループホームによる共同生活援護事業などを行なってきています。こうしたＮＰＯという形で、障害をもつ人の自主的な活動を支援していくという方向も、今後の青年学級のような取り組みを発展させていくうえで、ひとつの選択肢となることが示されているといえるでしょう。

2　障害をもつ人の学習文化支援への関心の高まり

近年、障害をもつ人の学習文化活動については、先の青年学級に加え、①学校卒業後の学習文化・余暇活動の要望に応える形での取り組みが、社会教育行政だけではなく、特別支援学校、作業所、大学、ＮＰ

Oなども含め様々なところで持続的に行なわれ、②そのなかでも特に大学等による知的障害をもつ人を主たる対象とした公開講座（オープンカレッジ）も進められてきていること、さらに③障害をもつ人が働く喫茶（カフェ）が広がってきており、就労支援だけではない、社会復帰にむけたリハビリや障害の理解、地域の居場所や交流の場として重要な役割を担っていること、④学校週5日制の定着などにより、学校外での障害をもつ子どもの活動への支援が広がりを見せていること、などがあげられます。

全国障がい者生涯学習支援研究会の発足と活動

以上のような流れのなかでの注目されるのが、学校卒業後や学校以外の場での学習文化保障が重要な課題であるとの認識が、特別支援教育および福祉の関係者のなかにも着実に広がり、障害をもつ人の生涯にわたる学習支援を全国的規模で行なっていこうとする動きが始まってきていることがあげられます。

そのひとつが、２０１６年12月に発足した「全国障がい者生涯学習支援研究会」の取り組みです。設立呼びかけのチラシには、「障がいを持つ人は学校卒業後、どう生きていくのか—この切実な問題に挑戦してきた、青年学級や大学、福祉施設のとりくみなど、地域社会との交流も含め積み重ねられてきた経験に学び、スポーツや恋愛・性、参政権など、さらに青年期の新たな課題に応えていくために、（中略）『障がい者権利条約・差別解消法』に基づいて、長年にわたるこれまでの実践的努力を一同に、さらに大きく発展を図るために、（中略）当事者たちを真ん中に、みんなで、ともに考え、取り組んで行くために」と書かれてあります。その記念すべき第1回の研究集会では、地域青年学級、福祉施設における学習支援、喫茶、オープンカレッジ、児童支援等の分野での注目すべき実践が報告され、そこからは今日の障害当事者の生涯にわたる学習保障のあり方を考えるうえで、以下のような重要な示唆を見てとることができます。

それはまず、選挙や恋愛・結婚など、とりわけ若者への学習文化支援の内容として難しい課題に果敢に挑戦する試みがなされてきていることです。すなわち、「学習して一票を投じよう」をテーマに、地域の知的障害をもつ青年たちの政治教育および主権者教育と呼べる取り組みです。そこでは、主権者として最も重要な投票という権利を行使するための学習（選挙学習）を、抽象的ではなく議会の傍聴や議員との懇談、ゼミ形式の継続的な学習会や模擬選挙など様々に工夫を凝らしている点が特筆されます。それは、教育基本法第14条に謳われている「政治的教養」を豊かにし、文字通り政治的主体者として障害の有無にかかわらず政治参加を保障していくための教育のあり方を考えるうえで重要な視点を提示しており、周知のように、特に18歳選挙権が実現した今だからこそ求められる取り組みであるといえるでしょう。

それとともに、地域の青年学級のメンバーの多くの関心事であり、大事なテーマであることは認識されているにもかかわらず、具体的な取り組みになりにくいのが恋愛や結婚をテーマとした学習です。この間、その困難なテーマに切り込もうとしている実践が試行錯誤のなかで行なわれてきている点が注目されます。例えば、「グループデート作戦」や「合コンをしよう」といった、障害の有無にかかわらず若者にとって魅力的で刺激的なフレーズを用いることは、支援者にとっては勇気の要ることであり、同時に責任を問われる可能性もあります。こうしたフレーズは、特に知的障害をもつ人にとっては、いわゆる「寝た子を起こす」ことになりかねないとして、保護者などからの強い反発や批判が予想されるからです。（かつてある公民館の青年学級のプログラムで、メンバーの希望で合同のお見合い会のようなことを企画したが、保護者からの強いクレームで中止になったという話を当時担当だった職員から聞いたことがあります。）

性や恋愛という、誰にとっても共通する関心事であり、なおかつ大切で避けて通れない課題とどのように向き合うかをあらためて認識させられるとともに、誰にとっても共通する関心事であるがゆえに、このような課題にどのように向き合うかがあらためて問われていることを、この取り組みは教えてくれます。

もう一つの重要な示唆は、自己表現活動のもつ豊かな可能性を追求するという点です。自己表現活動とは、人間が本来もっている、多様な媒体（メディア）を通して自己を他者に対して表現したいという内発的な欲求にもとづく活動であり、障害をもつ人の学習文化活動の一環としてこれまで様々な取り組みがなされてきています。先の研究集会で報告された事例も、人形劇の活動を通して障害当事者の豊かな感性と表現力そして主体性を引き出していったという点で、自己表現活動の可能性を想起させてくれます。

一般に自己表現活動には、自分の思いや願いを身体表現や演劇、音楽、絵画や創作物など様々な媒体に仮託して伝えていくという特長があります。とりわけ障害をもつ人にとっては、そこに療育的な機能および主体性を引き出し、自己肯定感や自尊感情を高める、といったセラピー的な機能、さらには人形劇などのように役割を分担しながらみんなで協力することで一つの共同作品をつくりあげる、そのことにより獲得される人と関わる力を育成する機能、そして演じること＝直接他者から見られることによって実感できる自己の存在証明の確認と自覚化の機能など、障害というハンディキャップのため困難とされる機能を実現していく可能性を見てとることができます。

そしてさらにいえば、こうした表現活動はその出発点において、おもしろい、楽しい、わくわくする、ドキドキするといった感性のレベルに訴えるという特性をもつわけですが、しかしそのレベルからさらに自分の思いや願い、場合によっては社会に対する怒りや抗議、課題提起といったメッセージを劇や音楽など様々媒体に託して発信する知的なレベルへとシフトし、それを感性のレベルによって補強しながら発信力を高めていく、という循環を描きながら発展していく可能性がある点も強調したいと思います。

オープンカレッジと福祉専攻科の広がり

東京学芸大を嚆矢とするオープンカレッジ(8)の全国への広がりも、注目すべき近年の特徴です。先の全国障がい者生涯学習支援研究会で報告された島根大学でのオープンカレッジもその一つであり、特に学生による知的障害をもつ人への学習文化支援をソーシャルワークの実践と位置付けて行なわれている点が特筆されます。往々にしてオープンカレッジは、障害当事者への支援という側面に目が向けられがちですが、それだけではなく、在学生に対する大学教育の一環として位置づけられている点で、示唆的な取り組みであるといえるでしょう。

このようにオープンカレッジは、主として知的障害をもつ人を対象に、既存の大学がその多岐にわたる学術的資源を活用しながら学習機会を提供する事業として行なわれています。そこでは、障害をもつ人に対応した様々な内容や方法が工夫されており、大学の教員だけでなく、福祉や障害児教育をはじめ多様な領域の教員や学生、地域住民が関わっている点が特徴となっています。ただ、近年オープンカレッジは厳しい状況にあり、実施する大学も減少傾向にあるといわれています。大学開放センターなどの担当部局が実施する事業ではなく、教員個人の努力に任されてきた面が大きいため、事業を継続していくことが難しくなってきているのが現状です。

そのようななかで注目される新たな動きとして、いわゆる「福祉事業型専攻科」の広がりがあります。

これは、従来の高校・高等部専攻科などの「学校型専攻科」とは異なり、障害者総合支援法にある自立訓練（生活訓練）事業の一環として、学校卒業後の就労支援とあわせて学習文化活動の支援を行なうというものであり、現在40余の事業が主に関西地域を中心に展開されてきているといわれます。多くの知的障害をもつ人にとって、高校卒業後の主たる選択肢が一般就労か福祉的就労のいずれかしかないといった状況にあって、もっと学びたい、すぐに社会に出るには不安がある、障害をもたない青年でさえ社会に出るのに必要な期間が延びているなかにあって障害をもつ青年にはその時間がなおさら必要である、といったニーズや要望に応える形で、様々な教育プログラムを用意し、大学教育にも相応するような学習機会も提供するというのがその趣旨です。

ここでは、国語や数学、英語などの基礎科目に加え、人文科学や社会科学の基本を学ぶ科目から、ゼミや自主学習、芸術文化、コミュニケーション、スポーツやサークル活動など、一般の大学の教養課程に相当するようなカリキュラムが組まれ、多様な学習支援が行なわれてきている点が特筆されます。社会福祉法人やNPO法人のほか、一般企業などによっても実施されており、名称も「学びの作業所」、「福祉型『専攻科』」、「福祉型大学」など様々な呼び方がされている点も特徴であり、今後の発展が期待されています[9]。ただ、この取り組みは、公的な教育制度ではないため、障害をもつ人の学習権保障という観点からも、高等教育機関の中核である大学の位置と役割が問われている点もあわせて強調したいと思います。

真の大学開放を求めて

その意味で、先に述べたオープンカレッジの意義は大きく、とりわけ他の障害に比べ、文科省の調査によると進学率がわずか0・4%余と高等教育の機会が大きく制限されている知的障害をもつ人にとっては、より重要な役割を担っているといえるでしょう。それゆえ、今後全国の多くの大学でこのような事業が展開されていくことが期待されるわけですが、あわせて聴覚や視覚、肢体不自由等の身体機能に障害をもつ人などへの高等教育の保障という点で大学の役割が問われてきている点も指摘しなければなりません。

それは、大きな視点で見れば、大学開放と地域連携の課題ということができるでしょう。例えば、調査で訪れたスウェーデンでは、大学が位置する市(コミューン)は障害をもつ大学生の学びと生活を支える様々なシステムが用意されており、住宅の支援とホームヘルパーやパーソナルアシスタント派遣等によって障害をもつ学生が一人で生活できる条件が整備されています。大学への交通アクセスの保障についても、車いす対応の市バス網の整備とあわせて障害の特性に対応した送迎サービスが提供されています。

一方、大学の授業等では、例えば聴覚障害をもつ人のための手話通訳は大学が用意するが、ノートテイクのアシスタントについては、市で主催している成人教育のコースで資格を取得した人が行なっているとのことです。そこでの手話通訳の派遣は県の役割であり、また特に重い障害をもつ人への専門的助言と人的援助についても県の役割ですが、それ以外の日常生活の支援や介助などについては市の役割として規定されています。このように、交通アクセスを含め大学外での生活全般に関しては市が中心的な役割を果たし、部分的に県がそれを補完しながら、障害をもつ学生のサポートが提供されているのです。[10]

こうした先進事例に学びながら、日本での障害をもつ人の高等教育をどう保障していくか。その点で、真の意味での大学開放が問われているといえます。知的障害の場合は、障害の特性から見て、他の障害と同じような対応は難しいわけですが、例えば英国の大学に見られる一般成人を正規の学生として受け入れる校外教育部（Extramural）のように、知的障害をもつ人を受け入れる専門の学部等を設置し、校外教育部には成人の心理・社会的特性に対応した専門の教員（Adult Educator）が置かれているように、障害の特性を熟知し、教授法等に特別の配慮と工夫のできる専門分野の教員を配置するなどの選択肢が今後の方向として考えられるのではないでしょうか。

3 キイワードとしての「放課後」

障害をもつ人の生涯学習支援というときに、学校外での障害をもつ子どもの学習文化支援の問題、つまり障害をもつ学齢児が放課後や休日どのように過ごしているかということが、障害当事者ならびに保護者にとって切実な課題であることを強調しなければなりません。筆者らが、かつて全日本手をつなぐ育成会からの依頼を受けて全国にアンケート調査をした際、障害をもつ子どもたちが学校終了後まっすぐ家に帰り、しかも家のなかで一人テレビなどを見て過ごすといった回答が多かったという結果を目の当たりにして、そのことを実感しました。[11]

当時は、まだ障害をもつ児童の放課後支援の取り組みは都市部など一部の地域にとどまっていましたが、その後２０１２年に放課後デイサービス事業が制度化されることによって、急速に全国に広がり、厚生労働省の調査「障害福祉サービス等の利用状況について」によると、事業所数が２０２０年には1万５３００余、利用者数は延べ約24万７０００人までになったとの報告がされています。

この事業所数を単純に市町村自治体数で割ると、1自治体あたり平均で10余という計算になるわけですが、もちろんそれは実態を反映しておらず、事業所として経営的に成り立つ条件に左右され、地域格差が大きいのが現実だと思われます。そうしたなかで、子どもが安心してくつろげる場、ほっとできる居場所として位置づけながら、同時に「共生・共育」の視点から、障害をもたない子どもといっしょに放課後活動にも参加できる取り組みの可能性を追求していく。例えば、従来の学童保育や児童館などの利用は可能な選択肢のひとつとして考えられるのではないでしょうか。

周知のように、学童保育は全国各地で実施されており、そこに障害をもつ児童が参加していくことで障害をもたない児童との自然な交流が図られる可能性があることは、例えば札幌市の民間学童保育「翼クラブ」の取り組みなどに具体的に示されています。１９８６年に始められたこの学童保育は、近郊の小学生で、希望があれば障害の有無を問わず受け入れるという点が最大の特徴となっています。[12] 10数年ほど前に見学に行った際には、小学1年生から6年生まで30名ほどが通ってきており、そのうちの約3分の1が自閉症や肢体不自由などの障害をもっていて、言葉が出なかったり、食事やトイレの際に介助が必要な子どももいるとのことでした。

保護者の代表の方は、翼クラブへわが子を通わせていることが、障害をもつ子どもだけでなく、他の子どもたちによい影響を与えていると語っていましたが、ただそれは何も特別なことではなく、ごく当たり前のことであると淡々としかも確信に満ちた表情で語っていたことを覚えています。それを裏付けるように、まわりでは、障害をもつ子どももたない子どもがごく自然に一緒に遊んでいる風景が強く印象に残っています。

一方、児童館（児童センターを含む）については、児童遊園とともに児童厚生施設として、18歳未満の子どもであれば誰でも自由に利用でき、そこで好きな遊びをしたり、児童館が用意する様々なプログラムに参加できるという特徴を持っています。全国に4400館余設置され、そこには児童厚生員という子どもの文化活動等を支援する職員も配置されているところから、放課後の障害をもつ児童の居場所や交流の場所としての役割が期待されています。しかも近年、中高生を主に対象とした児童館も設置されるようになったことから、小学生だけでなく、障害をもつ中学生・高校生が利用できる児童館の可能性が広がってきているといえます。

ただ、その際に課題として指摘しなければならないのが、この間のいわゆる放課後子供教室の広がりについてです。次代を担う心豊かでたくましい子どもを社会で育てることを目的に、2007年から開始された事業であり、区市町村を実施主体として、放課後や週末等に様々な体験や交流活動等をすべての小学校区で実施することを目指しています。文科省の統計では、2018年段階で全国1170余の市区町村で1万8700余の事業が実施されていますが、そこにはどのくらいの障害をもつ児童が現実に参加しているのでしょうか。それに関する情報はありませんが、おそらくほとんどいないことが推測されます。

その主な理由として、事業数全体の約75％が市区町村立の小学校で行なわれている関係で、特別支援学校に通学する障害をもつ児童はその対象になっていないことが考えられます。もちろん小学校の特別支援学級に通う子どもは参加の対象となりますが、特別支援学校および支援学級に通う子どもの多くが、前述の放課後デイサービスなどを利用していることが予想されます。そうした点で、学校教育内だけではなく、学校教育外でも障害をもつ子どももたない子どもの別学体制が進むことが懸念されることから、先ほどの児童館などの取り組みがより重要となってくるといえるでしょう。

4　この間の文科省の取り組み

先の全国障がい者生涯学習支援研究会の発足と前後して、文科省も「文部科学省が所管する分野における障害者施策の意識改革と抜本的な拡充——学校教育政策から『生涯学習』政策へ」（２０１６年12月14日）という文書を出し、「従来の学校教育政策を中心とする障害者政策から一歩進めて、（中略）『障害者の自己実現を目指す生涯学習政策』を総合的に展開しなければならない。」として、生涯学習政策局（当時）のなかに「特別支援総合プロジェクト特命チーム」を置き、「学校外における障害者の学習機会の充実」にむけた取り組みを行なうとしています。

基本方針について

そこでは、それまでの文科省における障害をもつ人の施策は、特別支援教育に代表される学校教育政策が中心であったがゆえに、「学校を卒業した後については、障害者雇用や障害福祉サービスによる就労支援、生活支援といった労働・福祉政策に委ねられてきた」が、障害をもつ人が学校卒業後の豊かなライフスタイルを送るには、就労と日常生活の場だけではなく、文化・スポーツを含めた「生涯学習の場」を忘れてはならないとして、学校卒業後の「障害者の自己実現を目指す生涯学習政策」を総合的に展開していかなければならないことを強調しています。

　つまり、豊かな人生のためには、生活保障や仕事だけではなく、「学習、文化、スポーツといった生涯にわたる学習や体験のなかから生き甲斐を見つけ、人と繋がっていくことが必要となってくる。」ことを強調し、２０１７年度以降、以下のような取り組みを行なうとしています。
①障害をもつ人の学習を総合的に支援するための企画立案部門の創設
　教育、スポーツ、文化などの施策を「文部科学省が一体として推進していくことが必要である」として、従来個別に行なわれてきた取り組みを「生涯を見通した視点の下に、相互に関連しつつ企画立案し調整する」ため、省内の横断的な推進体制を確立するとともに、専門の「障害者学習企画室」（仮称）を置くことを目指すというものであり、それが、現在の「障害者学習支援推進室」につながっていくのです。
②障害をもつ人の生涯学習支援の体制づくりと学習モデルの普及
　これまでの全国各地で実施されてきた「障害者青年学級」や大学での公開講座、青少年施設での事業、地域との連携による取り組みなどをふまえ、地域学校協働活動推進事業の展開、国立青少年教育施設における障害をもつ青少年を対象にしたプログラムの実施、放送大学の充実・整備、文化芸術・スポーツ活動の奨励など、今後障害をもつ人の生涯学習支援の体制づくりと学習モデルの普及に取り組む。
③ 特別支援学校等との連携
　障害をもつ子どもへの学校教育段階から将来を見据えた教育活動とともに、福祉や労働、生涯学習等の各分野が連携して障害当事者を支援する体制が整備されることが必要であるとして、障害をもつ生徒たちの「キャリア教育の充実や生涯にわたる学習の奨励」が提案されています。それは、卒業後のいわゆる福

祉的就労だけではなく、企業就労やさらには高等教育への進学等まで、多様な進路を想定し、「学校卒業直後の進路だけではなく、その後の長い人生をも見据えて、幼児教育から初等中等教育まで一貫性のある指導を行い、個々の志望を適切に踏まえた進路指導を行う」というものです。また卒業後の生活において、「スポーツ活動や文化活動などを含め、自己実現を図るための生涯にわたる学習活動全般を楽しむ」ことができるように、在学中から地域の様々な活動に参加できるよう、学校と卒業後の進路や活動の場との連携を促進していくとしています。

④大学等における支援体制の充実

大学等において、障害をもつ学生に対し入学から卒業までの一貫した支援が可能となるような体制の整備が急務であるとして、そのためには個々のニーズに対応した支援を行なうことができる「専門組織の整備・専門人材の配置」が必要であり、同時に行政・福祉機関等との連携を図ることによって「障害のある学生支援スタンダードを確立・共有していくことが重要である」としています。

具体的な事業の実施

以上の基本方針のもとに、2018年に省内に「学校卒業後における障害者の学びの推進に関する有識者会議」が設置され、障害をもつ人の学習文化支援の現状と課題および今後の方策等の方向性が提案されています。これを受ける形で、文科省は地方公共団体や特別支援学校、大学などに対して通知という形で「障害者の生涯学習の推進方策について」を出し、各々の機関に期待される事業をまとめています。

さらに文科省独自の取り組みとして、2017年度から「障害者の生涯学習支援活動」に係る表彰制度を設け、障害をもつ人の学習文化・スポーツ等の支援に尽力している全国のグループや団体、機関（大学も含む）、個人を対象に、その数は２０２０年までで２６５にのぼっています。また２０１８年度からは「学校卒業後における障害者の学びの支援に関する実践研究」と題したモデル事業を、そして、２０１９年度からは「共に学び、生きる共生社会コンファレンス」を実施しています。

前者は、障害をもつ人の学習文化支援事業のモデルを構築することを目的として、２０２０年度までに全国の都道府県および市町村の教育委員会、社会福祉・医療・ＮＰＯ法人、大学、保護者の会など28団体・機関に委託されています。また後者については、先のモデル事業の成果や優れた実践事例を報告・普及する目的で、全国7ブロック（北海道、東北、関東甲信越、東海・北陸、近畿、中国・四国、九州・沖縄）で行なわれてきています。

例えば、２０２０年2月に東京大学（本郷キャンパス）を会場にして開催された関東甲信越ブロックのコンファレンスでは、約３００人が参加して、シンポジウムとワークショップ、分科会等が実施されました。私が関わった「社会教育が取り組む生涯学習支援」の分科会にも多くの参加者があり、東京都内における青年学級の実践事例の報告を熱心に聞き入っていたのが印象的でした。そこには、東北のある県の教育委員会職員も参加していて、県内で青年学級を新たに立ち上げたいといった問い合わせもあり、そうした点からも、このような取り組みのもつ意義を再認識させられたしだいです。

今後、これらの事業の成果が、全国各地の障害をもつ人の生涯学習支援事業の展開と広がりにつながっていくことを期待したいと思います。

5　相互の学びあいと「合理的配慮」

これまで述べてきた障害をもつ人への学習文化支援やそのための施策において基本的に問われているのは、「共生」およびともに学ぶという意味での「共学」の視点であり、そのことを考えるうえでひとつの示唆となるのが、東京都の国立市公民館での「コーヒーハウス」の活動です。そこでは「コーヒーハウス」（しょうがいしゃ青年教室、喫茶わいがや、青年講座の総称）の事業を「共生・共育」の取り組みとしてとらえ、障害をもつ人ともたない人が援助―被援助の関係ではなく、ともに活動しながら学びあう関係を通して互いの自己変革を促していくことを目指しています。

「喫茶わいがや」と障害をもつ人が働く喫茶（カフェ）の役割

そのなかでも、「喫茶わいがや」の活動はそのことを最も象徴的に、そして具体的に表現しているでしょう。喫茶わいがやは、公民館の一角に設けられた喫茶コーナーであり、障害をもつ人ともたない人がともに運営すると同時に、そこで働く障害当事者がお客として来た一般市民に喫茶のサービスを提供することを特徴としています。一杯のコーヒーを通して障害をもつ人ともたない人が自然に出会い、そこを起点として障害の理解や差別・偏見の解消という教育的機能からさらに共生のまちづくりへの広がり、そして喫茶サービスという一連の行為のなかに内包されている障害をもつ人のコミュニケーションの能力を高め、知的な成長・発達を促す教育的機能や要素など、喫茶コーナーのもつ多様な役割と可能性が明らかにされてきているのです。この国立市公民館での取り組みが契機となって、その後同じような取り組みが全国に広がり、全国喫茶コーナー交流会の調査によると、現在950か所以上に上っています。

さらに近年の注目すべき動きとして、精神障害をもつ人が働く喫茶の増加があげられます。特に精神障害の場合、差別・偏見の解消とあわせてコミュニケーション、つまり人との関係づくりに障害を抱える人が多いため、言葉の回復のための自己表現の活動からコミュニケーションの力を引き出し、自立的な生活を創造していく課題に応えることを目的として喫茶に取り組むところが増えてきている点も指摘しなければなりません。精神障害にとっての自立（リカバリー）[13]とは、他者との関係性の再構築、つまり自己表現とコミュニケーション能力の回復・育成に他ならないからです。

その意味で、喫茶は、就労だけではなく、生活的自立と社会参加という面からも重要な機能を担ってきており、特に長期の入院や引きこもり等で社会から隔絶状態にあった人たちが、喫茶を媒介として人と人とのつながり、そして地域さらに社会とのつながりを回復・創造していくうえで多くの可能性を内包している点を強調したいと思います。精神障害の場合には、過敏ともいえるほど人間関係に気を使うことで精神的に疲弊し、極度に不安となり、自分を守るため内的な世界に閉じこもってしまう。こうした状況を改善していくためには、安心できる居場所および日常的な人との関わりを必要とするからです。

かつて行なったアンケート調査[14]でも、喫茶が「障害をもつ人のたまり場や居場所（自由な時間を過ごす場）としての役割を果たしている」という回答が多く見られ、実際に居場所やたまり場づくりの仕掛けとして喫茶を併設するというケースが少なくありません。そしてそれが自立生活や社会参加さらには就労等に発展していく可能性を持っているということ。すなわち喫茶という空間は、接客、調理、会計、材料の購入や在庫の管理など、多様な仕事をメンバーがそれぞれ分担しながら共同で運営していくことを通して、生活的自立と基礎的な職業能力を育成していくが可能となるのです。

そこでは、とりわけ接客という仕事を通して他者と関わること、そして利用者である一般市民が障害をもつ人と日常的に接することで、障害への理解からさらに差別や偏見の解消といった人権教育的な機能が期待されるという点で、こうした喫茶の取り組みは重要であるといえます。

「合理的配慮」が提起する課題

それとともに重要となるのが、障害当事者のエンパワメントを支える主体的な学びをどう保障していくかという点であり、その際の指針となるのが、障害者の権利条約です。障害をもつ人の主体的な学びを保障する課題は、差別や偏見を解消する課題と連動しており、条約ではそれを最も重要な課題と位置づけています。すなわち、その第2条で「障害に基づく差別」を「障害に基づくあらゆる区別、排除又は制限を指すものであると規定し、平等にすべての人権を行使し、基本的自由を享有するうえで必要かつ適切な変更や調整を意味する「合理的配慮（Reasonable Accommodation）」の必要性を高唱するとともに、その配慮を行なわないことも差別にあたるとしたのです。

日本では、この条約批准に必要な国内法の整備として2013年6月に障害者差別解消法が成立しました。そこでポイントとなるのは、障害を理由に障害をもたない人とは異なる不当な対応のみを差別ととらえるだけでなく、例えば聴覚障害をもつ人に声だけで話す、知的障害をもつ人にわかりやすく説明しない、などは、合理的配慮の不提供による差別にあたるとして、その是正を求めている点です。

その際、この法律とあわせて出された「障害を理由とする差別の解消の促進に関する基本方針」（閣議決定）に「合理的配慮は、障害の特性や社会的障壁の除去が求められる具体的場面や状況に応じて異なり、多様かつ個別性の高いものであり、当該障害者が現に置かれている状況を踏まえ、社会的障壁の除去のための手段及び方法について、（中略）代替措置の選択も含め、双方の建設的対話による相互理解を通じて、必要かつ合理的な範囲で、柔軟に対応がなされるものである。」と書かれてある点は重要です。すなわち、間接差別の問題も含め、より高い人権感覚や意識と同時に、社会的障壁としての障害を除去するには「双方」、つまり障害をもつ人ともたいない人との「建設的対話による相互理解」が不可欠であり、いうまでもなく、それを可能にするのは相互の学びあいであるからです。このように「合理的配慮」という、差別解消の観点からも、ともに学ぶことの重要性と課題が浮かび上がってきます。

この「建設的対話による相互理解」がどのように可能となるのか。その問題を考えるうえで避けて通れないのが、2016年7月に「神奈川県立津久井やまゆり園」（以下、「やまゆり園」）で起きた凄惨な殺傷事件であり、その裾野に横たわる優生思想の広がりです。優生思想の問題については、第4章の第1節で詳しく触れますが、現実に「やまゆり園」の問題は、異常な妄想にかられた犯人によるきわめて残忍だが、特異な事件であるという面だけでは片づけられない問題が日常に深く伏在している点を強調しなければなりません。

「やまゆり園」事件から浮かび上がる差別・偏見の問題

同時に「やまゆり園」事件は、人里離れた所にいわば隔離されるような状態で大規模な収容施設をつくること自体の問題を提起しました。当初、神奈川県が「やまゆり園」を解体した後に同様の施設を建設するとした方針を打ち出したのに対して、全国の障害者関係団体等からノーマライゼーションの理念に反しているとして、特に障害の種別を越えて全国の91の団体で構成されている障害当事者組織であるＤＰＩ（障害者インターナショナル）日本会議からは、「世界的な潮流として、大規模入所施設を解体し、地域でのサービス基盤を整備し、地域移行が推し進めてられている」状況をふまえ、「大規模入所施設を建て替えるのではなく、様々な関係団体と協力して、入所されている方々やご家族に対して、グループホームでの生活や自立生活などの地域生活への移行という選択肢を丁寧に示しつつ、入所されている方々の意向を丁寧に聞き取り、地域移行を進めるべきである。」という声明（２０１7年8月17日）が出されたにもかかわらず、被害者や入所者のほとんどの保護者たちからこれまでと同じような施設を望む意見が出されたところに、根深い差別・偏見の相を見てとることができると思います。

１９８１年の国際障害者年以降、日本においてもノーマライゼーションの考え方が広がるなかで、「コロニー」と呼ばれるような障害をもつ人の大規模入所施設から、在宅福祉やグループホームなどに移行していく流れがつくられ、さらに２００６年に施行された障害者自立支援法（現在は障害者総合支援法）では、障害をもつ人が地域社会のなかで暮らしていく「地域移行」を国が支援することを規定しています。そうした点で、この流れは確かに広がってきてはいるわけですが、他方では「やまゆり園」のような大規模な入所施設がまだ多く存在しており、知的障害をもつ人の施設入所者は13万人余となっています。近年では新たな大規模施設の建設もあって、施設から地域へという流れは必ずしも進んでいないことが指摘されています。

その主な理由としては、障害をもつ人の数が全体として増えるなかで、重度の人を受け入れることのできるグループホームなどは限られており、同時に前述のような差別・偏見の問題が少なからず存在していることがあげられます。それを象徴するのが宮城県です。2002年に当時の浅野史郎知事のもと、大規模入所施設（約47ヘクタールの広大な山を切り開いて1973年に開設、定員500人）の解体を宣言し、全国の注目を集めたわけですが、その後、入所者の家族からの強い反対や知事の交代によって施設解体を断念し、現在地で新たな施設建設が決まっています。

また東京都では、都内の知的障害をもつ人のうち約3000人が東北や関東を中心に14県にまたがる41の「都外施設」で暮らしています。この間新たな施設の建設はないものの、この20年余入所者数は減少しておらず、親が高齢等で死亡した場合、都内から重度の知的障害をもち、自力では暮らせないといった理由で新たな入所者が来るということです。

こうした入所者の家族のなかには、近所の人に知られないよう、施設名の入った封書で郵便物を送ることを拒む例や障害をもつ子どもの存在を隠すため、亡くなっても遺体を自宅に運ばずに施設近くで火葬を済ませる例などがあるとされ、「やまゆり園」事件での犠牲者の氏名や写真の公表を親族が拒んだことと同じ問題状況が見てとれます。

「毎日新聞」の調査（2017年7月19日）によると、入所施設から地域生活への移行ができない理由の

8割を占めたのが、「家族の意向」ということ。そこには、家族の「今さらリスクのある生活を負わせたくない」という気持ちとあわせて、今の社会において障害をもつ人への差別・偏見の問題がいかに根強くあるかが示されているといえます。

このことは、障害をもつ人の通所施設やグループホーム等の建設に際して、地元住民によって「土地が汚れる」などといったきわめて理不尽で不条理な差別観も含めた、いわゆる「迷惑施設」の烙印を押されて反対運動が組織される事例が全国で起こっているところからもうかがうことができるでしょう(15)。

6　インクルーシヴな学びにむけて

ノーマライゼーションと障害者権利条約

以上のような問題を、障害をもつ人の生涯学習支援のあり方の課題に引き付けたとき、ポジティヴアクション（積極的差別是正措置）の視点から、障害の特性に対応した学習プログラムや方法が求められるわけですが、その際自己の権利に関する学習は、障害をもつ人にとってとりわけ重要であり、社会や職場において差別や偏見に抗し、自ら異議申し立てができるよう障害当事者の権利意識と内発的な力（エンパワメント）を引き出せるための学習支援のあり方が問われてきます。それとともに、ノーマライゼーションの視点からは、社会教育施設・機関等で行なわれている様々な学習文化活動に参加できる、また図書館や博物館（美術館なども含む）、文化・スポーツ施設等に気軽に足を運ぶことができる環境整備が求められてきます。

こうした課題に障害をもつ人ともたない人が共同で取り組んでいく。それが、前述の閣議決定のなかで強調されていた社会的障壁としての障害を除去するための「双方の建設的対話による相互理解」をめざす共同の学びであり、そうしたノーマルな学びのあり方こそが求められているといえるでしょう。

その意味で、あらためて障害者の権利条約の意義を確認したいと思います。なぜなら、その第24条で、教育機会の平等を実現するため「あらゆる段階における障害者を包容する教育制度及び生涯学習を確保する。」として、初等・中等教育だけでなく、「他の者と平等に高等教育一般、職業訓練、成人教育及び生涯学習の機会を与えられることを確保する」ための「合理的配慮が障害者に提供される」ことの必要性が明確に謳われているからです。

さらに第30条でも、「他の者と平等に文化的な生活に参加する権利を認める」ものとし、文化的な作品および活動の享受、文化的な公演やサービスが行なわれる場所（例えば、劇場、博物館、映画館、図書館、観光サービス）へのアクセスを保障することやレクリエーション、余暇およびスポーツ活動への参加を可能とするための具体的措置等が明示されています。

こうした権利条約の理念にそって、障害をもつ人の生涯学習支援のあり方を構想していくとき、権利条約で言う職業訓練の保障や多岐にわたる芸術文化・スポーツを享受する権利を保障するための条件整備を進めていくことが必要となります。特にノーマライゼーションの視点から文化ホールや劇場等、図書館や博物館、スポーツ施設等に気軽に足を運び、読書や豊かな芸術文化の鑑賞、スポーツ活動等が可能となるよう、バリアフリーといったハード面の環境整備はもちろん、ソフト面での障害の特性に対応したプログラムや支援のあり方を共同で探求していくことが求められるでしょう。

生涯学習支援のインクルージョン化の課題

そしてそのことは、これらの施設等で働く専門職員に対して「合理的配慮」にもとづいて、障害をもつ人が様々な芸術文化、スポーツと出会い、それを通して豊かな感性や情操、身体感覚や体力などを涵養できるような支援のあり方を必然的に要請することになります。その意味で、社会教育関係施設や文化施設などで働く職員の専門的力量のなかに障害をもつ人への支援に必要な力が含まれるような専門職員の養成も生涯学習支援の重要な課題として位置づけられるのです。このように多岐にわたる取り組みを通して、障害をもつ人の生涯学習支援の裾野を広げていく。それを一言でいえば、インクルーシヴな学びの取り組みということができるでしょう。

もともとインクルージョン（包摂）とは、主に学校教育での障害をもつ人子どもともたない子どもの「共学」のあり方として提示されてきたものです。オーストラリアでの調査でお世話になったクイーンズランド工科大学のS. Carrington教授によると、インクルージョンとは、あらゆる子どもが自分のニーズに対応する教育にアクセスする権利を保障するものであり、したがってインクルーシヴ教育は、障害の有無を問わずすべての子どもたちが学校生活（スクールコミュニティ）に完全に参加できるよう、学習活動を支援することを目的としているということです。[16] こうした考え方は、学校生活のあらゆる面に埋め込まれ、障害をもつ生徒は、同年代の友だち（ピア）とともに学習に完全に参加できるよう、建物や設備などのハード面だけではなく、学校での学習活動や生活においても様々な配慮がなされることを意味しているのです。

このような考え方と取り組みは、ノーマライゼーションを提唱した北欧にその先駆を見ることができます。かつて訪れたフィンランドのある小学校では、障害の特性に対応する形で授業が行なわれるとともに、障害をもつ子どもともたない子どもがともに学ぶことができる工夫がいたるところになされており、学校という世界のなかで障害をもつ子どもともたない子どもが放課後の活動を含めてごく自然にいっしょに学び・生活していたことがとても印象的でした。(17)

そうした学びのあり方を学校以外の、そして学校卒業後の取り組みにも生かしていくこと。それは、障害というハンディキャップに対応した学習支援、すなわち前述した積極的差別是正措置の考えかたにもとづく障害に応じた特別な学習プログラム（例えば青年学級のような取り組み）と一般の広く社会のなかで行なわれている学習文化支援の取り組みとを有機的に統合していくということであり、それこそが、障害をもつ人の生涯学習支援の意味するところだといえるでしょう。なぜなら生涯学習の基本的な、そして土台となっている考え方・理念は、１９６５年のユネスコの会議で提唱された「生涯にわたって統合された教育」（Lifelong Integrated Education）だからです。生涯学習支援の取り組みのポイントは、まさにこの「統合」であり、先に述べた障害をもつ人の取り組みを、この「統合」の観点から展開していくことが求められるのです。

（1）　総務庁行政監察局編『生涯のいつでも自由に学べる社会を目指して―生涯学習の振興に関する調査結果から』、大蔵省印刷局、１９９６年。

(2) 藤本文朗・津止正敏編『放課後の障害児―障害者の社会教育』、青木書店、1988年、137頁。
(3)『障害のある人の生涯学習に関する調査研究（平成14年度「生涯学習施策に関する調査研究」報告書）』、独立行政法人国立特殊教育総合研究所、2003年。
(4) 障害者青年学級の歴史的経緯について詳しくは、津田英二「障害者青年学級の成立と展開」、小林繁編著『学びのオルタナティヴ』、れんが書房新社、1996年を参照。
(5)『障害児教育システム研究成果報告書』、日本特殊教育学会、1999年。
(6) 東京都の特別区社会教育主事会が2019年度に行なった23区における青年学級等の調査によると、参加者の高齢化、障害の重複化と重度化への対応、スタッフ等の人材不足が共通の課題としてあげられています（三浦修平「東京都特別区の障害者青年学級の今」、『月刊社会教育』2021年2月号、42頁）。
(7) 1960年代にスウェーデンで生まれたセルフアドボカシー（自己権利擁護）運動の影響を受け、1970年代に北米に普及した知的障害をもつ人たちの自助グループの取り組みであり、日本では1990年代以降自己決定にもとづく本人活動として発展してきています。
(8) 東京学芸大学の先駆的な取り組みについては、松矢勝弘宏監修・養護学校進路指導研究会編『大学で学ぶ知的障害者』、大揚社、2004年などを参照。
(9) こうした「専攻科」の取り組みについては、田中良三・他編著『障がい青年の学校から社会への移行期の学び／学校・福祉事業型専攻科ガイドブック』、クリエイツかもがわ、2021年に具体的に紹介されています。
(10) 例えば、明治大学海外GP委員会『障害者学習支援に関する大学視察報告書』、明治大学、2007年などを参照。
(11)『つどう　でかける　あそぶ　はまる／知的障害児・者余暇活動研究事業報告書』、全日本手をつなぐ育成会、2004年。
(12) 翼クラブの取り組みについては、安藤京子「いっしょに育つ子どもたち―共同学童保育所しらかば台翼クラブの取り組み」、『月刊社会教育』２００８年10月号を参照。

（13）欧米における精神障害をもつ人の脱施設化や障害当事者運動のなかから生まれ、１９８０〜１９９０年代にかけて米国を中心に普及し、精神障害をもつ人の支援のあり方を示すキー概念として世界的な潮流となっています。

（14）小林繁「精神障害当事者が働く喫茶コーナーの現状と課題―アンケート調査を通して」、『明治大学社会教育主事課程年報』№19、２０１０年。

（15）例えば、２０２０年１月９日の「朝日新聞」には、２０００年から10年間で、精神障害をもつ人を対象に開設した１５４施設のうち26施設で何らかの反対運動が起き、そのうち12施設は予定地の変更や計画の断念を余儀なくされたという調査結果が紹介されています。

（16）S. Carrington,（2015）*International Representation of Inclusive Education*, International Journal of Disability, Development and Education Volume 62, pp.1-2.

（17）こうした北欧の取り組みついて、詳しくは、薗部英夫『北欧＝幸せのものさし』、全障研出版部、２０１５年などを参照。

こばやし・しげる＝明治大学教授

（『月刊社会教育』２０１８年４月号および２０２１年２月号を大幅に加筆・修正）

第2章

障害者青年学級の現在

第1節

全国の障害者に青年学級を

――くぬぎ青年教室の取り組みを通して

春口明朗

はじめに

２０１８年3月に策定された「第４次障害者基本計画」に「生涯を通じた多様な学習活動の充実」が盛り込まれ、これを早急に実現するための取り組みとしていくつかの提言が行なわれた。同年6月には「障害者による文化芸術活動の推進に関わる法律」も公布、施行され、障害者の豊かな地域生活を保障するためにさまざまな施策が講じられている。また２０１９年3月に文部科学省は「学校卒業後における障害者の学びの推進に関する有識者会議報告書」を出した。

こうした文科省の取り組みに、東京都国分寺市で40数年間青年学級スタッフとして関わり続けてきた私はこの上もない期待と喜びを感じた。このような社会情勢を踏まえた上で、これまでの「青年学級」の取り組みを振り返り、その存在価値を明らかにし、より豊かな障害者の地域生活を保障するために必要な支援のあり方について考えたみたい。

1 「くぬぎ教室」は卒業生の居場所づくり

「くぬぎ教室」が始まったころの中学校の特殊学級は軽度の障害児のみで、卒業したらみな就職していた。「くぬぎ青年教室」は、その卒業生の月1回の同窓会活動から始まった。面倒見のよい中学の特殊学級担任の先生が、日曜日に卒業生を集めてハイキングやボウリングを行なっていた。この同窓会活動が母体となって公民館の主催事業となった。卒業後の「居場所」づくりの始まりだった。

小学校の特殊学級の担任だった私が青年学級に関わり始めたのは、一人の卒業生がはじめて就職し、その後の生活が気になっていたからである。当時は「青年学級振興法」という法律があって、集団就職した若年労働者対象の青年学級を公民館の社会教育事業として行なっていた。そのくくりで障害者青年学級は位置づいていたといえる（現在、青年学級振興法は廃止されて法的位置づけはなくなった）。私が青年学級に関わり始めたのは、公民館の主催事業になってからである。

2　ともに創る喜びを共有した演劇表現活動

当時公民館で活動をしていた青年サークルの交流の場「若獅子祭」が年に1回開かれていた。私たちはこれに参加し、人形劇『くぬぎ村の仙人と子供たち』を発表し、他団体との交流が始まった。発表で自信を持った青年たちは「演劇をやりたい」、「もっとくぬぎのことを知ってもらいたい」と言い始め、『くぬぎの仲間』という創作劇をみんなで創ることになる。「理解してもらいたい」は「参加したい」であり、社会参加の欲求が潜在的に彼らの中に存在していた。人形劇を創る過程で育っていった仲間意識と自信が表現したいという欲求に点火したのだ。

創作劇『くぬぎの仲間』は、青年たちの存在を社会にぶつけるものになった。1年間のくぬぎの活動（人形劇の練習・準備・合宿・公演）を縦軸に、その過程で起きた就労の問題（職場でのいじめ問題）、自立問題（両親の死に直面して）、仲間の弱さをどう受け止め、乗り越えるか（障害の自己認識と相互の励ましあい）など現実に起こった問題や課題をもとに創作した。公演は新しく建設された本多公民館のこけら落とし公演として初演し、また福祉交流会でも再演し大喝采を浴びた。終わったあとの達成感とまわりから評価され、認められた体験はかけがえのない共有財産となったのである。

3　重度の障害者も含めた活動「マゼコミ」

障害児教育における全員就学が実現し、重度の障害児も義務教育の対象となり、学校に通えるようになった。こうした時代の流れのなかで、それまで軽度の障害者を対象としてきた青年学級も重度の障害者を受け入れるようになった。そのため、これまでの台詞中心の演劇活動も歌や踊りが中心となるミュージカル風に変わっていった。音楽活動がメインの表現活動を私たちは「マゼコミ」と呼んだ。

この時代はくぬぎオリジナルソングが次々と生まれ、歌の中に自分たちの主張を盛り込んで自己表現し、愛唱した。ミュージカル『桃太郎』のテーマソングでは、「一人きりじゃ何も出来はしないから、みんなこうして集まった。君には大きな力があるさ、僕にも力が湧いてくる、そうさ今日からみんな同じ仲間じゃないか、ここで素敵な村作り」と仲間への思いを歌い、ミュージカル『西遊記』のテーマソングでは「夢を探すために旅に出たのさ、自分の求めるものが何かを知りたくて、世界中のユートピアを探して、歩いてみても、なにかがちがってる。だから、せいゆうき、勇気を出して、せいゆうき　自分の力を信じて」と自分を見つめ、自信を持とうと励ました。

1996年に出されたCD「Kunugi Sound Collections」には36曲のオリジナルソングが収められている。年度末に行なわれる「くぬぎ発表会」に向けて、年間を通して表現活動が主活動になった。皆でひとつの作品を作り上げる活動が、自分もその一員であるという安堵感と誇りを持たせてくれる。これは青年学級の大切な役割のひとつである。

4　学ぶことで生きる力を

青年学級には、青年たちがその活動日を楽しみにすることを基本にしながら、だれもが楽しめる行事を年間計画のなかに織り込むことも必要である。夏のプールや冬のクリスマス会などの季節行事、運動会やボウリング大会で特技を生かす活動、バスハイクでのお出かけも人気がある。なかにはダンスが大好きで得意な青年、音楽を聴いたり、演奏したりすることが好きな青年もいる。またバスケットボールやソフトボールが得意な青年もいる。そのため計画を立てるときは、皆で話し合って一人ひとりの希望が生かせるようにした。言葉が話せない人には家族に聞くなどの配慮も必要であった。

それと同時に、青年たちの地域生活を支える知識や技術を身につけるための具体的学びの場を青年学級の活動のなかでどう保障できるのか。これには活動の形態（ニーズによる班分け）や指導者（専門家に講師依頼）の獲得などさまざまな課題は多い。将来の自立を目指しての調理学習は、全体活動ではなく希望者を募って実施した。簡単な英会話を学びたい、手話を勉強したいなどの希望があったときはさまざまな分野の専門家やプログラムが必要であった。学ぶことにより青年たちは知識や技術を獲得し、生きる力を身につけることができる。

5　ボランティアスタッフの関りの重要さ

青年学級にとって不可欠なのがボランティアスタッフである。公民館の社会教育事業として行なわれている以上、担当職員の専門性はある程度問われるが、教室の運営に不可欠なのは、ともに活動する仲間としてのボランティアスタッフの存在である。職員一人では教室の運営はできない。人形劇、演劇、『マゼコミ』などの表現活動では、仲間の青年もボランティアスタッフも対等である。お互いに対する配慮なしには場面は進行しないから、その場その場で適切な対応が求められる。助け合って生きることに喜びを感じる。教えたり指導したりする関係ではなく、ともに創る相手として育っていく。

くぬぎ教室は、そんなボランティアを生み出し育てる場でもあった。しかし若いボランティアスタッフは就職や結婚などで辞めることも多く、常に新しい人を迎える必要がある。そのため私たちは公民館の事業としてボランティアスタッフ養成講座を毎年開き、新しい人材の発掘のためのシステムを考え、実施してきた。この取り組みは、青年学級を存続させるための不可欠な要素である。

特別支援学校を卒業した障害者が地域社会で豊かな生涯を送るためには、福祉、労働、医療などさまざまな分野の支援が必要である。私たちが生涯学習分野での支援を始めたのは28年前である。特別支援学校進路指導研究会が、気になる卒業生のために東京学芸大学の公開講座（「オープンカレッジ東京」の前身）として学びの場を開いた。『若竹ミュージカル』は学芸大学付属特別支援学校の同窓会活動を母体として生まれ、今も表現活動を続けている。

まとめとして――課題提起

卒業生が孤立して家庭以外に拠って立つ基盤がなくなることによる不安と寂しさは、いろいろな意味で生きにくさを生じさせる。同窓会活動が青年学級の始まりにあったように、青年たちにとって仲間の存在は生きる上で大きな支えになる。その意味で公的社会教育事業としての青年学級が果たしてきた役割は大きい。青年学級に参加したその仲間が人形劇、演劇、『マゼコミ』などの表現活動に参加し評価されることが、生きる力にもなり、成長・発達を促す原動力にもなる。

一人ひとりのニーズにあった学びの場は、形態やプログラムの組み方により多様な取り組みもできるという点で、成長・発達を促す重要な要素であり、生きる力にもなる。また好きなことをして楽しむことは、生活にリズムを与え、生活を活性化し、潤いを与えてくれる。また個性を発揮できる場ともなる。このように特別支援学校を卒業した青年たちにとって、これまで青年学級が果たしてきた役割は大きく、今後さらに充実させていくことが求められるのである。

ところが残念ながら、全国の実態を見ると社会教育分野での支援制度が極めて貧弱である（先に紹介した2019年3月の有識者会議報告書によると、障害者の生涯学習に関する組織がある自治体は4・1%、コーディネーターがいる自治体は4・2%）。特に国の支援制度が何もないに等しいことは憂慮すべきことである。こうした状況のなかで、文科省内に特別支援教育の生涯学習化を目指して障害者学習支援推進室が設けられたのは、施策を具体化するためであった。障害者権利条約24条に明記された「生涯学習の確保」という課題を、国としていかに具体化していくか。5年かかろうと、あるいは10年かかろうと長期展望に立って国としての基本方針に本腰を入れて立てるべきときにある。

先ずは法律等によって基本的指針を示すこと。そうすれば、それに基づいて地方公共団体の公的な教育支援策が整えられるはずである。青年学級がその具体的活動の場として全国に広がり定着していくためには、専門職員やボランティアスタッフの養成など人材配置や財政上の配慮などの基盤整備が必要なことはいうまでもない。さらには優れた実践事例をもとに活動マニュアルを示し、だれもがどこでも取り組めるプログラムを作成し、全国に発信する必要がある。その実現に向けて何が必要なのかを明らかにし、第一歩を踏み出すときである。文部科学省の前向きな取り組みに期待したい。

はるぐち・あきお＝元特別支援学校教諭。国分寺市公民館主催事業障害者青年学級「くぬぎ教室」に44年間ボランティアスタッフとして関わり続けている。東京学芸大学の「オープンカレッジ東京」の創立・運営メンバーでもある。

（『月刊社会教育』２０１９年8月号一部修正）

第2節

学級生の声に耳を傾けながら

——かつしか教室

大滝敏市

「かつしか教室」は、1969年に開設された東京都葛飾区教育委員会が所管する障害者青年学級です（2005年度から、参加者の実態にあわせて青年対象事業から成人対象事業として実施）。私は、1980年から2017年まで「かつしか教室」の講師を勤めさせていただきました。

ふり返れば、職場の先輩から「ちょっと見に来ない？」と声をかけられたことが、「かつしか教室」との出会いでした。見学に行ったとき、学校の教員であった私が受けた強烈な新鮮さを今でも覚えています。学校現場での〝指導〟とは全く違い、スタッフがなんとフレンドリーで対等な立場で学級生と接していることか、と。それは、「講師は、先生ではない。近所のお兄さん・お姉さん・おじさん・おばさんのような存在」との説明で納得しました。

以来、講師として「仲間と一緒に休日を有意義に過ごす場」「リラックスして楽しく交流でき、仲間作りができる場」と教室がなるように心がけきました。

1　運営形態

現在の運営形態は、次のとおりです。

・会場：新小岩・柴又・水元の各「学び交流館」での3か所。
・定員：各会場65人（知的障害のある15歳以上の方）
・開催回数：5月から翌年3月までの月1回、日曜日。半日8回、1日2回、1泊2日1回の計11回。
・スタッフ：各会場、常任講師8人。他に特別講師など。

各会場ごとに年間プログラムや活動形態が異なります。表1は２０１７年度の新小岩教室年間プログラム、表2はプログラム進行例です。

表1　2017年度の新小岩教室年間プログラム

回	月	時間	主活動		クラブ活動	備考
			プログラム名	主な内容		
1	5	半日	開級式	新しい仲間やクラブの紹介 班での話し合い		保護者会
2	6	半日	スポーツレク	班対抗「ドッヂビー大会」	○	
3	7	半日	芸術鑑賞	ジャズバンドコンサート鑑賞	○	
4	8	半日	創作	オリジナル扇子作り	○	
5	9	半日	みんなで決めよう	運動会打合せ・準備	○	
6	10	半日	運動会	班担当競技種目を自主運営		保護者参加
7	11	一日	遠足	葛西臨海水族園見学 柴又教室と野外ゲーム大会		電車利用 柴又教室と合同
8	12	二日	宿泊旅行	宿泊地：茨城県大洗 納豆工場見学、笠間焼き体験など		貸し切りバス使用
9	1	一日	調理&新年パーティ	メニュー：炊き込みご飯・おでん 班対抗「福笑い」大会	○	
10	2	半日	書道	毛筆習字	○	
11	3	半日	クラブ活動発表会 閉級式	各クラブの「一年間のまとめ」発表 思い出スライドショー、皆勤賞授与		保護者参加

表2　新小岩かつしか教室第5回「みんなで決めようとクラブ④」進行表

時間	プログラム		担当(講師)	会場	備考・必要物品
13:00 13:10	学級生集合　班ごとに着席 班リーダー決め ■はじめのつどい 本日の内容・日程について		 O	第3集会室	日程など板書 出欠票
13:15 14:15	■クラブ活動	ドッヂビー おんがく ウオーキング ボウリング	I・D E・K O・M H・G	スポーツ室 第2集会室 第3集会室 第1集会室	
	移動・トイレ休憩				
14:20 14:45 15:00 15:45	■みんなで決めよう ①担当する種目と大まかな内容 リーダー会（担当種目調整・決定） ②担当種目の検討 　競技の詳細内容 　必要な用具 　必要な係活動と分担 ③名刺作り（遠足用）		1班：G 2班：H 3班：M 4班：K 5班：D 6班：I リーダー会 ：O・E	第１集会室 第３集会室 第２集会室	＜プリント＞ 運動会について (昨年度までの種目など) 種目・係活動内容、 係担当者記入用紙
	移動・トイレ休憩				
15:50	■終わりの集い ①班の話し合い内容発表 　(班リーダー) ②テーマソング ③次回のお知らせ ④お迎え確認		O E E	第3集会室	
16:00	終了 後片付け（椅子の搬出など全員で）				

担当スタッフ：O、場所：新小岩学び交流館、開催：2017年9月10日

新小岩教室での主活動は、主に班（6つの班・各班11人）を基礎集団とした全体での活動になります。長年、この形態での活動を続けてきましたが、少しずつ変えてきたこともあります。

2　クラブ活動

年間プログラムに組まれている「創作」や「スポーツ」は年1回で、時間的制約もあります。そのため、学級生からは「時間が足りなくて、途中で終わってしまった」、「もっと続けてや

りたい」（創作や手芸）、「続けて練習して、うまくできるようになりたい」（スポーツやゲーム）などの声が強くあがるようになりました。学級生の声に応えるためには、「同じものを継続してできる活動形態」が必要になります。検討を重ね、２００５年度から「クラブ活動」を導入しました。希望するクラブに分かれ、年間６回程度、継続した内容で活動するというものです。

これまで学級生の希望を取り入れて設置したクラブは、ダンス、キックベースボール、おしゃれ（メークアップ）、パソコン、工作、絵画、貼り絵、編み物、アクセサリー作り、劇、カードゲームなど、多分野にわたっています。

現在は、次の４つのクラブです。

①ドッヂビー…フライングディスクを使う「ドッヂボール」形式の競技。
②おんがく…合唱や打楽器の合奏。
③ウオーキング…目的地を決め、歩数を計る。ときにはファーストフード店で飲食も。
④ボウリング…ペットボトルのピンを使用。ピン並べやスコア集計も自分たちで。

継続した活動を行なうことで技量が格段に向上し、自主的に取り組む場面も多く見受けられるようになりました。３月の「閉級式」では、各クラブが、一年間のまとめを披露しています。

開級式のレク

3　みんなで作ろう運動会

活動の計画・準備・進行は、スタッフが行なってきましたが、「もっと自分たちで考え、自分たちの手でやりたい」との学級生の声がありました。学級生の自主性・主体性を大切にするために、毎回の班リーダー活動（人数確認や班活動のリード、感想の発表）などを取り入れてきました。さらに２０１６年度からは、運動会で班ごとに競技種目を担当することとし、競技種目決定から運営まで、すべて学級生の手で行なうようにしました。

昨年度は、各班での話し合いとリーダー会での調整を経て、玉入れ・ドリブル走・パン食い競争・二人三脚・靴飛ばし・リレーが、競技種目になりました。また競技内容や係活動についても、各班で熱心に検討されました。例えば、「パン食い競走」を担当する班では、パンの種類、競技内容と規則、必要な係（競技内容の説明と注意・パンをロープにつける・ロープを持つ・スターター・ゴールテープ・着順判定・整列）と担当者を決めました。運動会を都合で欠席する方からは、「私の分もみんなでがんばって、担当種目を成功させてね」という発言がありました。

運動会当日、学級生は、互いに声を掛け合いながら係活動を行ない、すべての種目をスムーズに運営することができました。いつもは受け身がちな学級生も積極的に係活動を行ない、スタッフから「すごい！」の声があがりました。

4　地域の方々との交流

以上二点、少しずつ変えてきたことに触れましたが、その他にも試行してきたことがあります。その一つが、地域の方々との交流です。「学び交流館」は、地域サークルの活動場所にもなっています。ロビーで、学級生が地域の方と談笑する姿も見受けられます。

パン食い競争（運動会）

パーティ

そこで、サークルのみなさんから講習をしていただく「一日特別講座（三味線・はつらつ体操・社交ダンス）」の開催、サークルが催す「いきいき交流まつり」（館まつり）の見学・参加を「地域の方々との交流プログラム」として試行しました。しかし、開催時期や所要時間などの条件が整わないこともあり、継続するまでに至りませんでした。

5　社会教育として

ほかにも、カラオケ大会で盛り上がる一泊旅行、多彩なゲストによる鑑賞教室、協働の言葉がぴったりの料理教室など、学級生とスタッフで作り上げる月1回の「かつしか教室」。私にとっても、学級生のみなさんと顔を合わせるとホッとし、元気をもらい、ときに励まされる場でした。

料理実習

この30余年間には、「社会教育」から「福祉」へ教室を移管する動きもありました。そのたびに保護者のみなさんが、「社会教育」の場としての教室の大切さを訴えられました。「かつしか教室」が、学級生の声に応えながら「社会教育」として、これからさらに発展していくことを願うものです。

おおたき・としいち＝元東京都内中学校特別支援学級担当教員。１９８０年から２０１７年まで「かつしか教室」講師

（『月刊社会教育』２０１８年12月号掲載）

第3節
ビートでつながり、育つ人と人
——東大和市障がい者青年教室 青年ビートクラブ

小川則之・西村則子・関野大樹・菅田政志

1 青年ビートクラブの始まり
——音楽を活動の軸として

東大和市は、東京都の西郊多摩地区に位置する人口約8万5000人のまちである。公民館は中央公民館と4つの地区公民館。その中央公民館で「障がい者青年教室 青年ビートクラブ」が行なわれている。

多摩地区の障害者青年学級は、国立市や町田市で先駆的に取り組まれ、その後1981年の国際障害者年の前後に各市の公民館で始まった。東大和市では、1983年ころから青年教育のなかに位置づけることとして検討を始め、青年事業のなかで障がいのある青年が参加できるような機会を設けた。他市の視察、ボランティア講座や交流イベントの実施等を経て、1992年にようやく事業化した。

青年ビートクラブの特徴の第一は、その名のとおり音楽活動が中心であること。音楽活動を中心にしたのは、音楽は障がいの有無にかかわらず共有できるものであること、青年スタッフを「音楽好き」という面からも集めることができるなどの理由からであった。結果として、福祉やボランティアに関心のない、いわゆる「普通」の青年もスタッフに加わった。

第二の特徴は、同年代のスタッフが教室の運営をすることを重視してきたことである。他市を視察し、親子ほど年が離れた人がスタッフだったり、教員や施設の指導員がスタッフだったりしたところもあり、参加者が生き生きとしていないように感じた。障がいのある人にとって同年代の「仲間」としてのスタッフが必要なのだと考える。さらに実際に始まって気づいたのは、スタッフ自身も青年ビートクラブで自分の生き方を模索しているということ。

第三の特徴は、参加する障がいのある人（メンバー）が中心となる活動にすることを心がけている点である。障がいのある人、障がいのない人が交流するためには「仲間」としてつながるべきであると考える。メンバーを「お客さん」にしないために、なるべくメンバーの意思が反映される教室運営を心がけてきた。活動でとり上げる曲目、料理のメニュー、バス見学会の行き先などはメンバーの意見をもとにしている。またイベントの場面場面では、参加者がメインになるようになどの工夫をしている。

青年ビートクラブが始まって30年近く経つ。メンバー、スタッフ、職員も多くが入れ替わっているが、この3つの特徴は今も引き継がれているものと思う。（小川）

2　27年目のビート
——市民とつながり、さらなる拡がりが

今年度27年目を迎えたビートクラブの担当となり、早12年。初めて参加した日、皆さんがとても温かく迎え入れてくれたときのワクワク感を今だに覚えている。その日から私自身の癒しの空間、そして居場所となった。と同時に、それまでの良さを損なわないようにと気の引き締まる思いがした。ありがたいことに、公民館周辺に新しくグループホームや作業所が増え、高校卒業後そこに入所してくる若者の参加が増え、メンバーはうまく循環している。新たに参加する若い世代を巻き込みながら、少しずつ変遷を遂げるメンバーとともに音楽療法の講師から障がい者に対しての経験のないプロの演奏家である現役音楽講師を迎えることになった。部活動的な雰囲気でよりスタッフとメンバーがフラットになっていった。

活動の内容はより参加型になり、長期の休みの後に「ラップでひとこと」といってメンバーもスタッフもマイクを持ち、リズムに合わせながら全員が近況報告。「お姉さんに赤ちゃんが生まれたよ」、「仕事ばかりでした(-_-;)」「高幡不動！　大好き」、「風邪ひいて寝てた」など各々情報を共有することで個人の背景が見え、お互い親近感を覚えるようになった。

課題をあげるとすれば、若いスタッフの進学や就職により参加寿命が短いことである。毎年スタッフ養成講座と称し、音楽好き向けに「ドラム講座」「作曲講座」「ボーカル講座」などを行なっている。参加者は多くてもスタッフとして残る人が少ないのだが、長く関わっているスタッフがメンバーを深く理解して

福祉祭での青年ビートクラブのステージ

くれており、現在は量より質で順調に流れている。

また、この数年の特色として多くの市民を巻き込んでイベントを開催している。納涼会には民謡民舞連盟の方々に盆踊りの指導を、秋にはスポーツ推進委員にビート仕様のボッチャやグランドゴルフの指導を仰ぎ、3月のひと休み会は市民オーケストラを招待して演奏を聞いたりコラボしたり、合同でゲーム大会も行なう。負けても決して悪びれたり仲間を非難せず、むしろ失敗した仲間を「大丈夫だよ」と励ましてくれるメンバーに、訪れるゲストたちも癒やされ、必ず次年度の約束をして帰られる。市内の作品展や福祉祭にも絵画や舞台発表で積極的に参加し市民と触れ合う機会を設けている。

そして今思うことは、「メンバー、スタッフ、職員、メンバーの保護者」が輪を作り一人ひとりが大きな役割を果たしている関係がとてもありがたいことであり、今後もこのすてきな居場所が変わらずにあり続けることを願ってやまない。（西村）

3　スタッフとしての想い
——人との関わりが人を変える、かけがえのない場

青年ビートクラブとの出会いは、大学2年のころだったと思う。公民館のマンガサークルにいた私は、当時の担当職員である小川さんになんとなく「ボランティアに興味がある」と話したのをきっかけに青年ビートクラブの見学を勧められ、そのまま参加するようになった。とはいっても、最初の1年くらいは休みがちな、いわゆる「幽霊スタッフ」だったと思う。その後、年代の近いスタッフそしてメンバーとの交流を少しずつ重ねるなかで、活動に参加する頻度も徐々に増えていった。大学を卒業するころには、就職先を福祉業界へと変えるまでになり、40代半ばとなった現在でも、一スタッフとしてビートクラブに参加している。ここまで参加するようになった理由は、やはり同年代のスタッフやメンバーとの交流があったからだと思う。

ビートクラブでは、施設などによくある「指導員」と「利用者」という関係ではない、「同年代の仲間」という関係を大切にしていた。だからこそ、互いの距離が近くなり、メンバーは素の言葉や笑顔を見せてくれた。そのストレートな関係のなかで、「人に喜んでもらうことの面白さ」を感じたことが、スタッフを続ける原動力になっている。

また、スタッフ間で様々な交流があったことも大きな理由の一つだ。以前は皆若かったこともあり、ファミリーレストランで活動について深夜まで語り合うこともあった。現在は年賀状ぐらいしか連絡を取

らないスタッフもいるが、皆、今でも大切な仲間である。

そのような関わりのなかで、当時は自覚していなかったが、おそらく私自身もいろいろと変わったのだろう。人との関わりが苦手なマンガ青年であった私が、図らずも現在は福祉関係の仕事に就いている。私にとってビートクラブは、「人との関わりが人を変える」ことを身をもって気づかせてくれた、かけがえのない場なのである。

活動開始から年数を重ね、スタッフもメンバーも入れ替わり、活動もかなり変わってきた。しかしミーティングのなかで、メンバーが主役となり楽しめるようレクリエーションを考えたり、メンバーの様子について語り合う点は変わってないように感じる。そのような活動を続けているからこそ、設立当初から変わらず参加してくれているメンバーもいるのではないだろうか。

これからもメンバーやスタッフは替わっていくことだろう。しかしその時々のスタッフがメンバーのことを考え、頭を悩ませながら運営をする限り、ビートクラブの良さは継承されていくと信じている。そしてこのような場を企画し、そして継続していただいている公民館の職員の皆様にあらためてお礼を述べたい。人同士が素で触れ合える素敵な場を作っていただき、本当にありがとうございます。（関野）

4　音楽講師としての想い
――社会に参加、貢献している喜びを感じられる場に

私がビートクラブの講師に就任するきっかけとなったのは、毎年、東大和市で行なわれている「オータムフェスティバル（前サマーフェスティバル）」に演者として出演していた際、当時のビートクラブ担当職員さんから講師の依頼を受けたことに始まります。そのときは、そういった経験が皆無なこともあり、無理ではないかとも考えたのですが、元々新しいことに積極的にチャレンジしたいという性分もあり、恐る恐るですが活動を開始しました。その後、周りのスタッフの方の助けもあり少しずつ慣れていくことができ、また本来の明るい性格が伴い、現在に至るまで皆さんと楽しくやらせていただいています。この仕事は、「社会の役に立つ生き方をしたい」という自身のポリシーにぴったりと当てはまり、手前味噌ですが、天職では？と思うほどやりがいを感じています。

実際の活動内容ですが、おおまかな流れとして、基本的に年間スケジュールに沿った各日程の「企画の立案、実行、反省」の繰り返しになりますが、より良い内容にすべく全員が一丸となって挑んでおります。前置きが長くなりましたが、ここからは自身が約9年間携わった実感と今後の希望についてお話したいと思います。

ビートクラブは、通常よく知られている障がい者施設とは異なり、「スタッフ側が過剰に利用者さんをケアする」ことを目的とするのではなく、まるで健常者と障がい者の間に垣根がないような空気感でお互

いが接することを基本としています。そのなかでメンバーの心の拠り所の一つになること、そして行事に参加することで楽しい時間を過ごしながらも、同時に自己成長、発展のきっかけづくりに寄与している教室です。その理念を主軸に「どういうことをすればメンバーのプラスになるか、そして生きがいになるか」を日々模索しています。

微力ながら努力の甲斐もありまして、年月が経つごとに皆さんの「明るさ、社交性、精神的成長の向上」を実感しています。今後は、自身も含めたスタッフ一同、メンバー全員が楽しく、そして社会に参加、貢献している喜びをより大きく感じられる場を作り続けられたら最高だと思います。（菅田）

おがわ・のりゆき＝東大和市元中央公民館職員、現障害福祉課職員
にしむら・のりこ＝東大和市中央公民館職員
せきの・だいじゅ＝青年ビートクラブスタッフ、社会福祉法人職員
すがた・まさし＝青年ビートクラブ音楽講師、ＳＡＸ奏者
（『月刊社会教育』２０１９年10月号掲載）

第４節

つながりを育む
——西東京市障害者学級の実践

高梨三幸・井坂真紀子・塩谷由美・鈴木麻里

旧保谷市と旧田無市が合併してできた西東京市では、６つの公民館のうち柳沢公民館と田無公民館で、18歳以上の知的に障がいのある人を対象にした障害者学級を実施している。それぞれ旧市時代から実施しているもので、ともに開級して45年以上の歴史があり、異なる特色を持ちつつも、学級生やボランティアスタッフにとって「大切な場」であることは変わらず、余暇活動としてのコミュニティ形成と多様な活動を通してメンバーの社会性や自主性を高めることを目指している。

1　柳沢公民館・くるみ学級

くるみ学級には「コアラ」と「たんぽぽ」の2つのクラスがあり、コアラクラスは土曜日、たんぽぽクラスは日曜日、それぞれ月2回、各20人の学級生がボランティアスタッフとともに音楽やスポーツ、料理などを楽しんでいる。

大切にしているのは〝つながり〟

くるみ学級が大切にしているのは「仲間」との〝つながり〟。学級生同士はもちろん、ボランティアスタッフや職員も含めてみんなで体験を共有し、楽しさを分かち合うなかで、お互いに学び合える関わりとなるよう活動している。

学級生は、年齢も障がいも一人ひとり異なり、会話での意思疎通が困難だったり、じっとしているのが苦手だったりする人もいる。支援する際は、各学級生が個性を最大限に生かして活動を楽しめるようにサポートを心掛ける。例えば、部屋に入らず大半を公民館のロビーに座って過ごす学級生に対し、声かけなど根気強く関わっていくうちに、歌が好きなことがわかってきた。「これから歌うよ」と声をかけるとすんなり腰を上げる。これを糸口に少しずつコミュニケーションがとれるようになり、最近では音楽以外の活動にも参加することが増えている。

複数の学級生が働く福祉作業所の職員が見学されたとき、「作業所の時と表情が違い、穏やかで笑顔が多いことに驚きました。彼らにとってここは楽しい場所なんですね」と話された。保護者から「うちの子はくるみ学級が大好きです」と聞くことも多い。くるみ学級が、もう一つの心安らぐ居場所になっていると思うとうれしい。

印象的な学級生の姿を紹介したい。一つは昨年、コアラクラスでクレープを食べに行ったときのこと。みんなで店まで歩いたが、遅い人のためにペースを落としたり、ときには立ち止まって待ってあげたりすることが以前よりできるようになっていてうれしかった。店に着いたあとも、普段のおやつの時は周りを気にせず一人で食べ始める学級生が、目の前でクレープのアイスクリームが溶け始めても自分の意思で手をつけず、みんなの分が揃うまで静かに待っていたことに感動した。

もう一つは、2020年2月に体育館で2クラス合同運動会を実施したときのこと。学級生の提案で初めて全員リレーをやってみたところ、いつもは活動を遠巻きに眺めていた学級生が積極的に参加し、とても速く走れることを知って驚いた。走るのが苦手な人も一生懸命走った。同じチームのメンバーが追い抜かされても、責めたりする人はいない。持てる力を出し切った仲間をそのまま受け入れる学級生を見て、尊敬の念すら抱いた。

学級生はいろいろな力や可能性を持っている。私たちが気づかずにいただけで、それらは仲間と一緒にたくさんの経験をするなかで引き出されたり、見えてきたりする。その意味でも、障害者学級の役割はとても大きいと感じている。

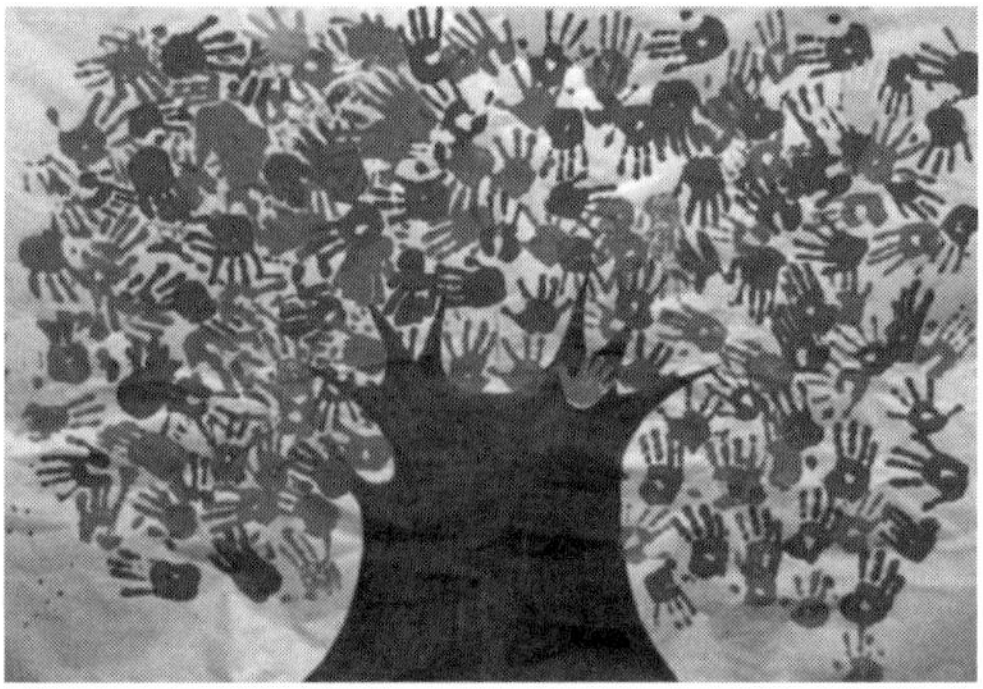

学級生の手型による「花は咲く」

支援する側も関わりの中で成長する

柳沢公民館には年に一度、「ヤギフェス」というお祭りがあり、昨年たんぽぽクラスが太鼓の演奏を披露して大きな拍手をいただいた。驚いたのは、発表後、学級生の一人が練習からずっとそばでサポートしてくれたボランティアスタッフに、「お世話になりました」と頭を下げてお礼を述べたことだ。スタッフは、「こんなにうれしいことはありません」と感激して涙をこぼしていた。こうした気持ちが通い合った瞬間の喜びが、より彼らを理解したいという意欲や自身のやりがいにつながる。助ける―助けられるという一方的な関係ではなく、支えると同時に支えられ、学び合う、相互の交流を目指したい。

今後の課題

課題もたくさんある。一つは学級生の年齢や障がいの差が大きく、興味や関心、体力も違うため、全体での活動が難しくなっていることだ。今後はグループ分けをして、それぞれに適したプログラムを工夫するなど、よりきめ細かい対応が必要かもしれない。

学級生の主体性を伸ばす取り組みも足りない。時間をかければ本人ができることも、支援する側が待てないために手を出しすぎている点は早急に改善したい。

地域との〝つながり〟を深めることも大きな課題だ。毎年、自治会と合同で餅つき大会を楽しんでいるが、地域の人や団体と交流する機会をさらに増やし、より多くの人にくるみ学級について知ってもらいたい。学級生との共通体験を通して、障がいや、障がいのある人に対する理解が深まり、学級生の社会参加が進んでほしい。

2　田無公民館　あめんぼ青年教室

現在、月4回（第1土曜、第2・第3金曜夜間、第4日曜）の活動を34人の学級生、16人のボランティアスタッフ（うち高校・大学生5人、留学生1人）、活動支援員（登録4人）、看護師（館外活動時）と2人の担当職員で行なっている。

毎年、学級生の中から半数ほどが活動の企画・準備・進行を担う「青年スタッフ」に立候補し、全員が参加する日曜活動をボランティアスタッフとともに運営している。学級生の障がいは様々だが、ボランティアスタッフのちょっとした声かけや誘いが効果を発揮し、活動に参加しやすくなることも多い。継続して関わり合うことで、学級生の心の動きをくみ取る力がついてくるなど、学級生、ボランティアスタッフ、活動支援員、職員全員にとって育ち合う場になっている。

モットーは「本人活動」

学級活動は、青年スタッフとボランティアスタッフが話し合いで年間活動計画を作成し、第4日曜の全員活動に向けて、第1土曜と第2・第3金曜で準備作業や練習を行なっている。日曜活動は、ボランティアも合わせた総勢50人を超える全員が、スポーツ大会、音楽活動、あめんぼフェスタ、バスハイク、クリスマス会、新年会などのイベントに、それぞれが役割を持って参加している。

2か月の準備期間を経て開催する「あめんぼフェスタ」は、劇、音楽、ダンスの中から学級生、ボランティアの全員が好きな活動を一つ選び、チームの力で発表の舞台を創り上げる。劇グループは学級生から演じたい役柄を聞き出し、ボランティアがオリジナルの台本を作成する。音楽グループは歌いたい曲を話し合いで決め、ボランティアの指導で手話付きの歌にも挑戦する。昨年は学級生から、イントロやエンディングでのオカリナとピアノのソロ演奏の申し出もあった。ダンスグループは、ダンスサークルに所属する学級生4人が、高校生ボランティアと振り付けを考え、メンバーのために自分たちの振り付けをビデオに撮って、全員が踊れるようになるまで練習した。

話し合いの場では率直な意見交換が繰り広げられ、ときには意見がぶつかり合うこともあるが、関わり合うなかで、自分の気持ちや意見を伝えること、譲り合うことを学んでいき、学級生同士で調整したり工夫したりすることを大切にしている。

あめんぼ活動から地域とつながる

あめんぼ青年教室は、毎年5月に「田無公民館まつり」のステージで音楽や朗読を発表している。また、いこいコーナーでの飲み物の提供や駐輪場の整理などを担当して、地域の人たちとの触れ合いを重ねている。7月の音楽活動では、音楽サークルと演奏や音楽ゲームで交流を続けている。楽団メンバーの心湧き踊るMCによって、学級生は心身を解放し、心から音楽を楽しんでいる。今年2月には、影絵サークルの劇を鑑賞し、交流会も行なった。公民館利用サークルと活発な意見交換ができると同時に、学級生にとって様々な文化活動に触れる機会となっている。公民館の活動をきっかけに、障がいのある人とない人の相互理解が深まり、地域の中で挨拶しあう関係になることを望んでいる。

今後の課題

活発な活動が繰り広げられる一方で、活動に入りきれない学級生もいる。人とのコミュニケーションを苦手とする人や気持ちの言語化が難しい人の主体的活動をどのように創っていくかである。

その場に参加するだけの受動的な活動にならないように、一人ひとりが役割を持つことから始めている。役割としては名札配りや回収など仲間との能動的な交流となるものを心掛けている。さらに保護者との情報交換、ボランティアとの情報共有も大切である。学級生の活動をボランティアが方向づけたり、決定したりするのではなく、参加者全員がフラットな関係で学び合うことが大切だと考える。

また、学び合うなかで障がいのある青年と障がいのない青年の相互理解も大切にしている。以前、言葉にうまく表現できない学級生の行動を、私たち年配者が誤解したことがあった。その時、学級生の気持ちや行動を学生ボランティアが代弁してくれ、無事に誤解が解けたことがある。同世代の若者同士だからこそ、学生が学級生の機微を感じとり、主体的活動を引き出してくれたのだ。このように学級にとって不可欠な学生ボランティアだが、学生には卒業・就職があり、持続可能な確保は常に課題である。

幸い近年はボランティアや活動支援員に恵まれた。福祉を学ぶ大学生、大学から地域活動の一環として参加している社会福祉学科の学生、教育実習後も継続して参加している学生、地域の高校生である。さらに社会経験豊かなボランティアを含む多様で多世代の仲間と活動を創り、喜びを分かち合う場としたい。

3　コロナの今

西東京市公民館は、新型コロナウイルス感染拡大防止のために休館となっていたが、2020年6月1日より条件つきで開館となった。しかし、障害者学級はまだ開催できないでいる。外出もままならない学級生が毎日どのように過ごしているか気がかりである。

学級通信を利用して、これまでの楽しい活動の様子の写真を掲載したり、学級生が今の思いを言葉や絵にして送り返せるようはがきを同封し、返信を通信で紹介したりしている。このような状況の中で、学級というコミュニティを維持していくために、公民館としてどのようなことができるのか模索が続く。

〈柳沢公民館　くるみ学級〉

たかなし・みゆき＝西東京市谷戸公民館専門員。２０２０年３月まで６年間担当

いさか・まきこ＝西東京市柳沢公民館専門員。２０１８年７月から担当

〈田無公民館　あめんぼ青年教室〉

しおたに・ゆみ＝西東京市田無公民館専門員。２０１７年４月から担当

すずき・まり＝西東京市田無公民館専門員。２０１８年４月から担当

（『月刊社会教育』２０２０年８月号一部修正）

第5節

町田市障がい者青年学級の実践と広がり

岩田武・櫻井明美・加藤沙耶香

はじめに

町田市障がい者青年学級は、163名の青年と活動を支える60名程度の担当者（市民のボランティアスタッフ）が在籍しています。1974年に「生きる力・働く力の獲得」を目的に開設され、人数の増加に伴い、活動の場所や曜日を増やし、現在3つの学級に分かれて活動をしています。学級日の一日の流れは、下の表のとおりです。

コース活動前後の朝と帰りには、全員が集まるつどいの時間があります。後述する学級ソングを歌い盛り上がったり、全体での情報共有をしたりする時間です。活動の基本となるコース活動は、自ら取り組みたいコース（音楽コース、ものづくりコースな

9：30	担当者集合
10：00	朝のつどい
10：30	コース活動
15：30	帰りのつどい
16：00	班長会
17：00	英会話

ど）に10名程度に分かれ、年間16回の活動を共にします。

活動の特徴は、自分たちの思いをメロディーに乗せて歌う「学級ソング」と呼ばれるオリジナルソングを大切にしていることです。初めて生まれた歌で、今でも歌われる「ぼくらの輝き」という曲の「音楽にのせ自分の思いをみんなにアピールしていきたい、おどりが得意なすてきなぼくがぼくの人生の主人公さ」という歌詞は、町田の取り組みを的確に紹介しています。つまり、青年学級は自分の思いを発信できる場であり、人生の主人公は自分だという認識を持てる場だということです。

また、学級日前後の木曜夜間には、担当者会議を開き、担当者間での情報共有や学級日に向けた準備や振り返りを行なっています。これは、活動をより有意義なものにするという面とともに、担当者にとっての学びの場という面も併せ持っています。障がいのある人の学びの場として始まった青年学級ですが、支援者にとっても活動に係ることで成長できる場になっているのです。

ここでは、私が係っている公民館学級でのコース活動の2つ実践事例（くらしコース・ものづくりコース）と青年学級の活動から生まれた「若葉とそよ風のハーモニーコンサート」（以下、「わかそよ」）について紹介します。（岩田）

1　仲間と生活を見つめ直す（くらしコース）

2020年度のくらしコースには7名の青年が集まりました。10名以上で編成されているコースもあるので、小規模なコースです。職場の話や家族のこと、世の中で起こっていることなど、日々の「くらし」に関することがよく話題にあがり、そこから自分たちがどうしたいか、何ができるかなどを話し合い、活動が創られてきました。どんなことが話し合われていたのか、いくつか紹介したいと思います。

参政権の行使

活動日でもあった7月21日、参議院選挙が行なわれました。投票日当日ということもあり、「朝、投票に行ってきました」という青年の報告から選挙の話が広がりました。活動前に投票してきた人1名、期日前投票に行った人4名、まだ投票していない人2名でした。

「ぼくの選挙権は、ぼくのものなので絶対に行きたいです。選挙はぼくの未来につながります。字が書けない人はどうしますか？」、「ぼくは目が見えないから代理投票。声で伝えた」、「口頭で投票する人の名前を言い、書いてもらった。その名前を確認した」、「公約はグループホームの職員が読んで教えてくれた。せっかくの機会だから自分の投票したい人に入れたいと思っていた」、「代理投票、みんながみんな、いい顔はしない。2人のうち1人はなんだか嫌な雰囲気だった」など、リアルな話を聞くことができました。まだ投票に行っていなかった2名から投票に行きたいとの話があり、家族に連絡を入れ、迎え時に投票所入場券を持ってきてもらうことになりました。

うどんづくり

くらしに欠かせないことといえば、食事です。調理はよく行なわれる活動ですが、「ただ作って食べる」

という活動ではありません。これも青年からの「うどんを一から作ってみたい。つゆも一から作ってみたい」という発言から始まりました。そして話し合いのなかで決まったことは、「みんなが同じ体験をする」ということでした。3グループに分かれ、うどんを打ち、かつお節を削り、昆布と合わせて出汁をとりました。それぞれ麺の太さも柔らかさも違ううどんが出来上がりました。

「削るのは怖かったけど少し面白かった」、「つゆを一から作ったことはなかったので、とても貴重な経験となった」、「それぞれが工程を分担して行なうのではなく、全員が同じ工程を行ない同じ経験ができたことはいいことだと思っている」、「自分たちの食事を作ることはいい暮らしにつながると思っている。みんなでみんなの食べるものを作る経験は嬉しい」という感想が話されました。

仲間のお見舞い

2020年の年明けの活動日、コースの仲間が入院していることを知りました。何かできることはないか、みんなで相談しました。病院の場所を調べると歩いて行ける距離だということがわかり、「お見舞いに行けるのであればそれが一番」ということで、病院の面会時間を調べたり、お見舞いに際しての注意点を確認したりしました。

「みんなのことを思い出せるように寄せ書きや手紙、写真を入れて渡したらどうか」、「お花や好きなものを届けたい」、「入院中、本を読んでもらったことがある。本を差し入れしたらどうか」、「こうやってみんなのことを考える時間がとても大切」。

入院している仲間は、私たちの突然の訪問に驚いた様子もありましたが、笑顔もこぼれ「リハビリがんばる」との言葉が聞けました。

「みんなのことを知りたいと思うし、自分のことを知ってほしいと思っている。みんなでみんなのことを考えて、それを行動に移せたことが本当に嬉しい」。お見舞い後、そんな言葉が共有されました。

昨今、コミュニケーション方法のバリエーションも増え、今まで聞くことができなかった部分の想いを聞くことができています。地道ではあるかもしれませんが、いま目の前にある「くらし」に向き合い、「仲間と生活を見つめ直す」活動は、私たちが目指す「みんなのより良い生活」へと繋がっていくのであろうと信じています。（櫻井）

2 「ものづくり」から生まれたもの（ものづくりコース）

私が青年学級の扉を叩いたのは大学3年生のとき。初年度は、ものづくりコースに所属しました。ものづくりといっても、活動内容は多種多様です。絵画、粘土、ペットボトル、卵の殻などの素材を活かした創作のほか、ときには調理や外出もします。活動は話し合いで決めていきます。担当者は出た意見に合わせた素材を探したり、場所を調べたりして、青年に提案するという流れで活動が進められました。今回は印象的だった活動を2つ紹介します。

2回の外出活動

1度目は、「創作活動に活かしたい」という意見から、市内の美術館で絵画や写真、陶芸作品の見学をしました。見学後は「いつか写真もやりたい」、「自然や花の絵が印象的だった」などと感想があがり、外部の作品を見たことで色遣いや風景の鮮明さが感じられました。2度目は合宿時に市外の公園へ出かけ、動物園や展望台を見学しました。また事前に出た提案のもと、合宿の思い出を込めた「公園の落ち葉を集めた作品づくり」では、お互いの作品を紹介する時間もあり、温かいコースの雰囲気を感じた活動でした。外へ出かけることで新たな作品づくりへのヒントがたくさん見つかりました。

コース全員での作品作り〝フィンガーペイント〟

溶いた小麦粉に絵の具を混ぜて手につけ、大きな半紙にコース名であるひまわりを描きました。合宿を機に使う色合いが増えた青年は、明るい色を用いて空を表現していました。細かな作業が得意な青年は、クレヨンで細部まで丁寧に表現し、迫力のある作品が完成しました。作品を描きながら青年同士で話す姿もあり、自然とコースの仲間意識も生まれていきました。またこの作品が〝わかそよ〟のポスター素材に使われたことは、青年学級を越えた地域の方々にも自分たちの作品や活動を伝えるきっかけになったのではと思います。

活動で生まれたものは、作品だけではありません。仲間と同じ時間、同じ目標に向かって取り組むことの大切さ。思いを共有して活動に反映させていくこと。私自身気づいたことがたくさんあります。今後は

話し合いの時間を増やし、地域や外部との交流を考えることでさらに活動の幅が広がるのではと感じています。（加藤）

3　活動の広がりとしての「わかそよ」

「わかそよ」は、青年学級のなかだけでなく、一般の人に学級ソングを聞いてもらいたい、認めてもらいたいという青年の思いから生まれた市民活動で、学級ソングが生まれた2年後の1988年から実行委員会形式で実施しているコンサート活動です。

2019年の「第19回わかそよ」は、文科省の「学校卒業後における障害者の学びの支援に関する実践研究事業」として、「障害当事者の思いを社会にアピールするためのプログラム開発」を目標に取り組みました。テーマ、構成、演出、広報など、すべてを一から自分たちで考えていくために、青年学級の活動のなかで実行委員会を開き、多くの青年が集まり、何度も何度も話し合いを重ねました。様々な意見が出るなかで決まったテーマが、「いのちのかずだけおもいはある―みんなちがってもいっしょに生きる」です。テーマ以外にも、限られた時間のなかでお客さんに満足してもらえるよう、自分たちの思いを届けられるよう様々な話し合いが行なわれました。

また、話し合いと並行して練習が始まります。半年以上の準備期間を経て、本番を迎える時の緊張感、歌や思いを発表する喜びを体感しながら、あっという間に迎えたフィナーレでは、支援者含めた200名

第19回若葉とそよ風のハーモニーコンサート

以上での大合唱。青年学級という場で学び、「わかそよ」という場で自らの思いを発信することが、一人ひとりにとっての大きな自己実現の場となっています。

これまで、青年学級のなかでしか出来えない多くの学級ソングや様々な活動の成果を創り上げ、積み重ねてきました。障がいのある人にとっての学びとは、何なのか。この意味を、青年や担当者と活動を共にするなかで、自分自身に問い続けていきたいと思います。（岩田）

いわた・たけし＝町田市生涯学習センター職員
さくらい・あけみ＝町田市障がい者青年学級担当者
かとう・さやか＝町田市障がい者青年学級担当者
（『月刊社会教育』２０２０年６月号掲載）

第6節

富士見市立鶴瀬公民館　ふじみ青年学級

佐藤大輔

ふじみ青年学級は、富士見市立鶴瀬公民館の「障害者の学習機会充実事業」に位置づけられ、月1回、日曜日に楽しく元気に活動しています。青年学級には事務局となる公民館職員のほか、活動を中心で支えるコーディネーター、音楽指導者、ボランティア、学級生の保護者など、様々な人が関わり合い活動を支えています。

私は新入職員として埼玉県富士見市に入庁した２０１７年度から2年間、ふじみ青年学級を担当しました。そのなかで楽しかったことはもちろん、たいへんだったことや辛かったことなど沢山経験することができました。ここでは、私の経験談を交えながらふじみ青年学級の活動内容を等身大で紹介するとともに、青年学級の在り方や今後の課題を『月刊社会教育』の読者の皆様と共に考えていければと思います。

1　ふじみ青年学級の成り立ち

１９７０年代の富士見市では、障害者の学校卒業後の就労の場がなく、その対策として福祉作業所ができたり、自治体雇用の取り組みが始まったばかりのころでした。徐々に働く場はできたものの、休みの日の過ごし方は社会参加とは程遠いものであり、何とかこの状況を打破しようと、当時の養護学校や障害児学級の先生、福祉作業所の指導員、ケースワーカーなどの関係者が立ち上がり、発足に向けた会議や講師を迎えての学習会をしました。熱意のある関係者も多く、障害者も健常者も一緒になって社会参加活動を進めよう！という理念のもと、１９８０年4月、「全国障害者問題研究会富士見サークル」主催でふじみ青年学級が発足しました。翌年には、行政からの人的・財政的支援が必要であることから、青年学級振興法（１９９９年廃止）に基づき公民館主催事業へ移行になりました。

２０１９年度の学級生の人数は20人程度ですが、このころは約70名が在籍し、１泊２日のキャンプを年に２回も行なっていたそうで、活動が盛んであったことがうかがえます。

2　学級生の様子

学級生は、知的障がい者が中心です。私は入職するまで、障がい者と関わりをもったことがほとんどなく、最初は馴染めるか不安でいっぱいでした。ですが、電車が好きでマニアみたいに詳しい人、今日の出費を家計簿のようにメモを取る人など個性的な人が多く、今では楽しみながら仕事をしています。

全体的に学級生は穏やかですが、「殺してやる」などの罵詈雑言を平気で言ったり、他の学級生を叩いたりなど、なかには対応が難しい人もいます。目を離したら二階から飛び降りようとしますし、だれか一人付きっ切りでいなければいけない状況です。その人は、青年学級が本当に好きらしく居場所になっているようなので、私自身とても嬉しいのですが、他の学級生とどう一緒に過ごしていくか、それが非常に難しいと常々感じています。

3　現在の活動について

学級生の減少や高齢化なども経て、ふじみ青年学級は公民館事業移行後から２０１８年で38周年を迎えました。文頭でも書きましたが、月1回、日曜日に活動しており、お出かけ（外出活動）や調理実習、工作など幅広く活動しています。活動の中身を少しご紹介したいと思います。

①調理実習

年に数回、鶴瀬公民館の調理室で調理実習をしています。毎年行なっているカレーライス作り、クリスマス会でのケーキ作り、さらに市内で活動している食生活改善推進協議会のご指導のもと、創作料理も作っています。長年やっているおかげか、学級生の包丁さばきや食器の準備も慣れたもので、調理実習が楽しみで青年学級に足を運ぶ人も多いです。自分たちで作った料理はとても美味しく、お腹いっぱいになり午後の活動中に寝てしまう人もいるほど。

上手に切れるかな？（みごとな包丁さばき！）

②音楽クラブ

学級生は歌ったり踊ったり、体を動かすことが大好きです。ふじみ青年学級では、音楽の指導者を招いて音楽クラブを開催しています。歌う曲は、定番の曲から演歌などの渋い曲まで。ハンドベルを使っての演奏もします。最近では、近隣の高校の吹奏学部を呼んでミニコンサートを開き、高校生とも交流を深めています。

③お出かけ（バスハイク・電車でGO！）

ふじみ青年学級の二大イベントであるバスハイクと「電車でGO！」を毎年行なっています。バスハイクではバス1台を貸し切り、ハイキングをしたり動物園に行ったりしています。また公民館サークルの「埜《や》歩《ほ》歩《ほ》富士見山の会」の皆さんがボランティアとして参加して、はっと汁（宮城県の

日ごろの練習の成果を舞台で発表

みんなでハイキング！

郷土料理）を作ってくれます。それが本当に美味しく、みんな何杯もおかわりします。

「電車でGO！」は、名前のとおり電車に乗って出かけます。楽しむだけではなく、電車の乗り方や切符の買い方を学べるよい機会にもなります。

この他にも工作やカラオケなど定期的にやっているものもあれば、年度ごとに新しい活動にも積極的に取り組んでいます。2020年度は公民館の利用者連合会の方の畑をお借りして芋掘りをしました。

4　地域との連携

現状の活動を振り返ってみると、公民館の利用者や地域の方々の支援がなくては成り立たない事業であると実感しました。幸いにも、ふじみ青年学級では地域の方々の支援が手厚く、ボランティアで参加してくれたり、野菜を提供してくれたりなどまわりに支えられながら活動しています。私も『月刊社会教育』

の読者なので、様々な形態の青年学級を拝見しましたが、公民館職員は事業等で地域の方々と関わる機会が多く、公民館事業としての青年学級は地域の方々とつながりやすいメリットがあると思います。学級生が高齢化していくことでますますまわりの支えが必要となりますので、地域の方々との関係性をつくることが公民館職員としての責務だと考えます。

5 運営する上での課題

2年間担当するなかでいくつか課題があると感じました。一つは学級生の高齢化です。あらためて学級生の年齢を調べたところ、平均年齢が46歳だということがわかりました。１９８１年の第1回青年学級から参加している方もいますので、この事業が「青年」学級と呼べるのか？と疑問を呈する人もいます。また保護者の高齢化も深刻で、「子どもを連れて公民館まで行くのがたいへん」という方もいます。

もう一つは、学級生の減少です。高齢化していることもあり、多い時は70名ほど在籍していましたが、現在は約20名に減ってしまいました。昔と比べてノーマライゼーションが浸透しており、青年学級以外の余暇の過ごし方も増えてきたという背景もあると思いますが、それにしても新しい人がなかなか入ってこないという状況です。

他市町村も例外ではないようで、埼玉県内の各市町村の青年学級担当者と時々やりとりをしますが、どこも高齢化で参加者が減少しているとお聞きしました。調べたところ、以前は多くの市町村で青年学級を開催していましたが、現在は埼玉県内で7市町しか行なっていないそうです。

人数の減少や高齢化に向けて、まずは青年学級の周知活動を徹底すべきだと考えています。今現在、市の広報には募集記事を載せていますが、それ以外の広報活動はまったくしておらず、閉鎖的であるといえます。以前は特別支援学校ともつながっており、青年学級の活動などを生徒に周知していただくなど、うまく連携が取れていたようですが、いつからかつながりがなくなってしまい、今では活動自体を学校が把握していない状況です。

先ほども述べたとおり、障がい者の余暇の過ごし方も多様化してきました。しかし、学校卒業後何をするか困っている人や仲間を探している人など少なからずいると思います。よって、青年学級と特別支援学校をつなげることを今後実践できればと思います。学校だけでなく福祉作業所等にも呼びかけていただき、将来的には人数も増え様々な世代が集う、そんなにぎやかな青年学級を目指していきたいです。

おわりに

私は恥ずかしながら福祉関係の仕事や勉強をほとんどしたことがなく、知識や経験がまったくないままこの世界に入り、青年学級を担当しました。しかしそんな私でもいえることは、青年学級の存在をなくしてはいけないということです。昨年度、台風で活動中止になった回がありましたが、学級生の保護者が「活動がなくなってしまって子どもがものすごく落ち込んでいた」と嘆いていました。毎月1回の活動ですが、学級生は活動を本当に心待ちにしていると感じますし、保護者にも青年学級があってよかったと感謝されます。だんだんと人数が減少している問題もありますが、青年学級が38年という長い年月をかけて、学級生および保護者の居場所であり心の拠り所になっているのは事実です。一人ひとりの気持ちを大切にし、楽しく居心地がよい環境をつくることが今後も不可欠です。

さとう・だいすけ＝富士見市立鶴瀬公民館職員、公民館主事
（『月刊社会教育』２０２０年２月号掲載）

第7節

和歌山の青年学級は今

――那賀青年学級の取り組み

小畑耕作

はじめに

「リョウタくん、遅いなあ……。次の電車かな? 駅まで迎えに行って来るわ」、「アキラくんは、残業あるので遅れると言ってたよ!」、「もうちょっと待ってあげよ!」……。

土曜日の夜、公民館ロビーでの青年たち。この那賀青年学級は、1991年4月に、養護学校(現特別支援学校)の卒業生のアフター・ケアの一つとして、和歌山県立きのかわ養護学校卒業生を対象に地域の公民館の一室を借用して月2回土曜日の夜、養護学校に勤める教員のボランティアでスタートし、29年間続いています。

和歌山県の青年学級のルーツは、1976年に和歌山市で中学校特殊学級卒業生が「卒業しても勉強を教えて欲しい」、「話し相手が欲しい」の願いに特殊学級担当者が9人の教え子の卒業後の学びの場「すばらしき仲間たち」の名称でスタートしました。10年が経過したころの登録者は128人で、毎回30～40人参加していました。「すばらしき仲間たち」は、約42年継続している青年学級です。和歌山県内には、現在月1回以上活動している青年学級が4か所あります。

1　那賀青年学級開設にむけて

養護学校に勤めていた私は、1986年4月、新設校への転勤と同時に進路担当になりました。当時、養護学校区は2市10町で、福祉的就労の場は小規模作業所1か所だけでした。35年経過した今では、福祉法人施設6か所、NPO法人福祉事業所が20数か所になり、卒業後の福祉的就労の場が拡大してきました。

35年前のきのかわ養護学校開校時に、養護学校教員と保護者で地域に「すべての卒業生に進路保障を」と、夜に「共同作業所づくり」の話し合いを持ち、1年後に日曜作業所を開き、2年目には街中の民家を借りて共同作業所を開所、5人の仲間と1人の支援員で毎日開所にこぎつけました。

一方、養護学校進路担当として一般企業就職生へのアフター・ケアとして、卒業生が就職している職場を巡回しました。しかし巡回には制限（回数・出張旅費など）があり、卒業生が働いている姿を見て企業の担当者と話をするだけでは、仕事以外のことが見えてこないことがわかってきました。また、何か問題が起きても対処療法的にしか対応できませんでしたので、何か制度的なものがないかを調べていきました。

文部科学省の「知的養護学校の高等部指導の手引」（1996年）には、卒業後の指導の意義と必要性について次のように述べられていました。「卒業生が、より安定した生活を送れるようにするための支援的対応であり、卒業生が直面する様々な問題に対応して行われる。それは、職場のこと、余暇のこと、家族のこと、生活全般のことなど多岐多様にわたる。しかも、在学中の期間に比べ、卒業後の年月は長いので、卒業後指導は長期にわたる。学校が行なう卒業後指導には、自ずと限界があり、また、本来の職務とは必ずしも言えないが、現状では、それを学校や教師から切り離すことは難しいことである。」「卒業生の職場適応・定着の援助等の追指導や同窓会、青年学級などの活動は、本来の職務ではないが、各学校の実情等に合わせて、必要に応じて実施することが望ましい。」

それは、私流に解釈すると「必要は認めるが、誰がやるかが問題で、そのための人的な裏づけはない」ということでした。そこで私は、養護学校校区内の高等部の先生方に青年学級の必要性を訴え、5人の有志の先生方で青年学級開設に向けての取り組みが始まりました。年1回実施している同窓会だけでは対応しきれず、卒業生が増えてくるなかで、和歌山市で45年前から取り組んでいる青年学級「すばらしい仲間」を見学することにしました。

そこでは、月2回土曜日の夜、和歌山市民会館の一室に知的障害のある青年たちが集まり、一人の悩みをみんなで考え、一人ひとりが自分の思いを語り、最後はみんなで歌を唄って終了の活動でした。そのなかでも特に感動したのは、青年学級に仕事の都合で参加できないため、電話で参加してみんなの声を聞いている人、青年学級の会場まで交通費が片道2000円以上かかり、さらに2時間余りかけて電車・バスを乗り継いで参加している人もいました。

青年たちにとって青年学級の存在は、学校卒業後になくてはならないものであると感じました。ぜひ、私たちの地域にも欲しい、いや、つくらなければないと感じ、青年学級を開設しました。

2　青年学級開始

那賀青年学級は、スタッフの人数の問題で自力で参加できること、または保護者送迎で集合場所へ来てもらうことを原則としました。青年学級への参加は自由で、活動内容を知ってから参加、不参加を本人が決めることとしました。第1回目は18人の参加で、地域の公民館を借り茶話会にして、一人ひとり近況報告をしてもらいました。仕事の様子、まわりで働いている人のこと、会社での旅行のことなど学校時代のときのように生き生きと語り、アフター・ケアでの職場訪問では見られない緊張のない笑顔で、友だちの語っている様子を聞いて自分と比較したり共感したりして感想を述べました。2週間に一度、友だちと会え、語り合い、ふざけあって、ありのままの自分が出せる、そんな場でした。

青年学級に行きたいから、先輩に連れてもらって行くうちに、一人で電車に乗れるようになった人もいました。活動は、話し合いで自分たちがやりたい活動を計画する日とその活動の日です。土曜日の夜6時半～8時半が基本ですが、活動内容によっては日曜日になったりもします。みんながやりたいことを出し合って実現してきた活動は、旅行、カラオケ、忘年会、ビア・ガーデン、映画、バイキング食事、ボウリング、クッキング、卓球、プール、バーベキュー、花見、夏祭りに模擬店出店などです。

また、計画の話し合い活動としては、模擬店出店、新人歓迎会、忘年会や食事会の会場選びなどの話し合いをします。那賀青年学級は、養護学校卒業生のアフター・ケアの一つの取り組みとしてではなく、地域の障害児学級出身者、他の養護学校出身者、高等学校卒業者にも参加者が及んできました。参加したい人は、だれでも受け入れ、福祉作業所の62歳の先輩を連れてきたこともありました。

以下、青年学級についてヨシオさん（40歳）が語ってくれたことを紹介します。

「僕は、那賀青年学級に行き始めて18年になります。普通高校を卒業して専門学校で介護福祉を3年間学びましたが中退し、介護施設でアルバイトやボランティアをしました。その後、職業訓練校の情報処理科に入学して職業訓練し、一般会社に就職し、データー入力会社でしばらく働きましたが、仕事が遅いということでリストラにあいました。ハローワークで那賀青年学級を紹介してもらって今に至っています。その後、職業準備訓練を受け、派遣会社で1か月間、警備の仕事をしました。その後、食品製造会社に入り、15年目になっています。那賀青年学級では、名簿づくりや会の会計を自分からやっています。今の会社より青年学級の在籍期間が長いです。会社は行くだけでストレスが溜まり、残業が多くてとても疲れます。青年学級は何も考えなくてもいいのでリラックスできて良いです。カラオケの場所などの紹介や車いすの仲間の介助などもしています。」

3　青年学級は、今

次に、青年学級のエピソードを紹介します。毎年7月に取り組んでいる「ビア・ガーデンへ行こう」では、和歌山駅改札口に夜6時集合です。うれしくて集合場所に2時間前から来ている人もいます。20歳を過ぎた人は、先輩からビールの飲み方を教わる日なのです。先輩たちも、自分の苦い経験から「ゆっくり飲めよ」、「いろいろ種類を飲んだらしんどくなるよ」とアドバイスをしてくれます。

青年学級の発足当時、アルコールを飲みすぎ、トイレや洗面所で嘔吐を繰り返し介抱したものでした。介抱しているときに、一般のお客さんが「若者の、みんなが通る道や。そうやって酒の飲み方を覚えるんや」と言ってくれたときは、彼らも貴重な経験をしているのだと思い、実践の充実感を感じたものでした。そんな彼も今、楽しそうに笑顔でみんなと語らい、後輩に気を配ってくれています。満員の混雑したビア・ガーデンで料理や飲物を自分でチョイスしなければいけないのですが、青年学級のスタッフは、そこで困ったとき、トラブルになったとき、本人からヘルプが出たとき以外、指示や支援をしません。

青年学級の良さは、やさしく教えてくれる先輩がいることです。スタッフは、青年学級の先輩に頼み、先輩が運営していける青年学級を目指してきました。そのことは、青年があてにされ、役立つ自分を感じ、スタッフや後輩から感謝してもらえることで、青年学級に来るといきいきしているのだと思われます。

一泊付きの忘年会の取り組みでは、仕事の関係でみんなが集まれたのは午後8時、お鍋とお酒で忘年会が始まりました。カラオケや高等部時代の話でにぎやかにひとときを過ごしたあと、部屋では、修学旅行の初日のようにはしゃぎ、就寝が午前4時を過ぎていました。その様子を見ていて、職場でこんな姿が出せない現実、いつも緊張した場面や話す言葉一つひとつに気を使っていることが推測されました。

ありのままを受け止めてくれる、気持がわかってくれる、素の自分が出せる、そんな場が、働き続けること、頑張ることには必要不可欠だと思います。私たちも頑張るには、わかってくれる存在や愚痴が言える場が必要不可欠だということと重なります。

青年学級が彼らの心のオアシス的存在の場であり続けたいと思っています。青年学級の活動は、彼らがやりたい活動の支援の場であり、みんなで話し合う場、学習の場でもあります。青年期の人にとって、職場と家庭だけでなく、第三の場としての仲間集団の場の保障がとても大切に感じます。

イベント「ビア・ガーデンへ行こう」

おわりに

那賀青年学級も29年目に入り、私たちスタッフは勤め先も変わり、学校を退職もしましたが、私たち地域の障害者の集う場として、この社会資源を発展させていきたいと願っています。人は働くだけでは息が切れてしまいます。

働くなかで人が発達することは実践で実証されていますが、人それぞれの楽しみ方で仕事の後や休日に心と体のリフレッシュも重要です。地域に障害者が楽しく過ごす場、趣味でもスポーツでも、文化活動でも障害者が利用できる「生きがいの場」を作っていくことをさらに関係機関に働きかける必要があります。

また、学校教育とは違い、「教える側の教師」ではなく「支える側のスタッフ」であり、「自分たちのやりたいことを自分たちがやる」という青年期教育の視点に立つことが私たちに求められます。

現在、コロナ禍で青年学級に集うことや会食することが制限されています。さらにウェブでつながることも困難になっています。障害者を情報弱者にしないような取り組みが緊急の課題です。

こばた・こうさく＝那賀青年学級スタッフ。36年間特別支援学校に勤務、現在、社会福祉法人きのかわ福祉会理事、大和大学教育学部教授

(『月刊社会教育』２０１８年6月号一部修正)

第8節

名古屋市の障害者青年学級・青年教室

――あゆみと現状

加藤良治

1　障害者青年学級の実現

名古屋市では、1970年代に名古屋市教育委員会（以下、教委と表記）・青少年教育課が所管する委託青年学級（委託料5万5000円）に申請していたいくつかの障害者団体は、委託料が少額で十分な学習ができないため、別ワクの障害青年対象の学級開設を実現しようと市職員労組の教委事務局支部とともに「障害者の社会教育を語る会」（以下「語る会」と表記）を結成。障害者青年学級の開設をはじめ、様々な要求をかかげた運動に取り組みました。とりわけ障害者青年学級に関しては、東京都町田市の公民館で実施していた障害者青年学級の取り組みから学び、開設趣旨や内容などを検討し、学級運営にかかる必要経費についても独自に試算しました。

「語る会」は、2回にわたって障害者の社会教育行政に関する要望書を市教委に提出し交渉を行ない、「障害者の問題は福祉で」という市教委の姿勢を転換させ、1979年度には5つの委託障害者青年学級（1学級20万円）が認められました。

2　広がる障害者青年学級
——学級数の増加・新たな発展

実現した委託障害者青年学級の趣旨には、「障害者の青年が豊かな生活を築くために、仲間たちやボランティアの人たちとともに話し合ったり、学習したり、思い切り遊ぶ等集団活動をとおして自主性を養い、生きる力、働く力を獲得していくことをめざして学級委託する」とうたわれています。これは「学級委託する」ことを除いて、当時の「町田市障害者青年学級募集要項」のなかの目標とほぼ同じ内容です。

こうした趣旨にもとづき学級が実施されますが、障害者団体などから「学級数を増やしてほしい」という要望が高まるにつれ、学級開設数は年を追うごとに増加。1981年度には12学級、1993年度には30学級、2000年度になると50学級に達しました。学級数が増えるにしたがい、知的障害青年に限らず、聴覚障害、肢体障害、重度の重複障害をもつ青年などの学習機会が充実するようになりました。しかし、1学級の委託料については、「語る会」が増額要求してきましたが、20万円から21万9000円へとわずかしか増額が認められませんでした。

委託障害者青年学級の増加にともない、開設する8団体が相互に交流すること、また単独の学級でできない事業を協同して取りくむことをねらい、「名古屋障害者青年学級連絡協議会」（以下「連協」と表記）を結成。「連協」は、1983年には小学校を会場にして「合同運動会」（名古屋市教委、中日新聞社などが後援）を企画・実施し、それ以降、毎年継続して取り組むことになります。また他学級がどのように取り組んでいるのか相互に学びあう「ボランティア交流会」、さらに名古屋市瑞穂青年の家（2006年度廃館）と連携して障害をもつ人の文化交流・発表の場としての「瑞青福祉の日」（午前は模擬店や展示発表、遊びのコーナーなどを設定し、午後は日ごろの思いや考えていることを発表）の取り組みなど、障害青年の学習・交流機会拡充・発展に努めました。

3　社会教育センターでも障害者青年教室を開設

一方、名古屋市の社会教育センター（1997年度以降「生涯学習センター」に施設名変更）では、国際障害者年（1981年）を前後して障害者問題を考えるセミナー、ボランティア養成講座、障害青年対象の教室など障害者関連事業（講座など）が本格的に実施されました。

障害者対象の青年教室に関しては、6館の社会教育センターが開設。なかでも緑社会教育センターでは、知的障害の青年たちとその支援にあたるボランティアがともに学びあい育ちあうことをねらい、障害者青年教室を実施。毎月1回（年間11回）日曜日の午前に軽スポーツ、調理実習、映画などの取り組みを行ない、午後は、委託障害者青年学級を主催する団体「南部青年学級」と連携して、人形劇、手芸、音楽のクラブ活動を行なうなど学習の充実に努めました。

２０００年度以降は、自治体財政難にともない、委託障害者青年学級といくつかの生涯学習センターで継続して取り組まれてきた障害者青年教室は様々な困難にみまわれます。委託障害者青年学級の委託料は、「連協」による再三増額の申し入れにもかかわらず、毎年度徐々に減額。また生涯学習センターは、施設が非公民館化すると同時に区役所へ編入され、それにともなって障害者青年教室の予算や教室コマ数の削減が進んでいきます。

２０１３年度に入ると、委託障害者青年学級の管轄が教育委員会から首長部局（子ども青少年局）に移り、それまでの委託料から「障害者青年学級開設補助金交付要綱」（以下「要綱」と表記）にもとづく補助金へと変更。２０１７年度では、補助金は13万９０００円で最高時の経費と比して8万円減額され、学級開設数も19学級へと激減しました。

２０１９年度以降は、青年学級を、障害者青年（学級生）13人以上受け入れる学級（A区分）と8人以上受け入れる学級（B区分）に分け、それぞれ13万９０００円、8万５０００円の補助金を支出するよう改めました。

4　障害者青年学級・青年教室などの現状と問題点

障害者青年学級では

２０２０年度に開設した障害者青年学級は12学級です。「学級名」と学級生の「障害の概要」は次のとおり。知的障害者を受け入れる青年学級が７割近く占めます（名古屋市公式ウェブサイトから）。

①昭和区聴覚障害者福祉協会（聴覚障害〈１級・２級〉）
②コアラハウス青年学級（ダウン症、自閉症、知的障害、アンジェルマン症候群、ネコ泣き症候群、身体障害、コルネリア・デ・ランゲ症候群）
③港区手をつなぐ育成会青年教室（主に知的障害）
④吃音教室（吃音）
⑤守山福祉青年学級（知的障害が主）
⑥グループたんぽぽ青年部（ダウン症）
⑦瑞穂青年学級（知的障害）
⑧よくする会の生活学級（肢体不自由中心〈常時車いす使用〉、知的障害）
⑨マイライフの会（身体障害、知的障害）
⑩デフみどり（聴覚障害）

⑪学生ボランティアサークル「おでん」（ダウン症、自閉症、知的障害、脳性麻痺、身体障害など）
⑫ちくさ日曜学校（知的障害、自閉症など）

障害者青年学級の管轄の移行後、様々な問題が顕在化。前述の「要綱」では学級生である障害者青年の年齢を15歳以上34歳以下とし、２０１９年度以降においては、その年齢を満たした障害者青年が1学級の学級生のうち13人以上（A区分）ないし8人以上（B区分）含まなければならないと定めたため、決められた年齢の学級生を必要人数集めることができず、学級申請を辞退するグループが現出しています。

また、ボランティアの確保ができず、学級申請をあきらめ、実施グループが休止に追い込まれる、場合によっては解散するという深刻な問題も発生しています。これらのケースは、学級数が年を追うごとに減少の一途をたどる要因といって過言ではありません。学級運営者からは、年齢制限の撤廃、あるいは年齢を問わず、障害をもつ人々が地域で学び交流できる新たな障害者学級を求める声もあがっています。とはいえ、こうした問題と向き合いながらも障害者青年の目線から学級を創り上げ、活動充実につなげる青年学級は少なくありません。

40年近く知的障害をもつ青年対象の学級をにない、厚生労働大臣賞の表彰を受けた瑞穂青年学級では、予算削減というきびしい状況にもかかわらず、生涯学習センター（指定管理者が運営）を会場にしておおむね毎月1回日曜日の行事を開催。また、ボランティアの知識・技術を習得する「障害者ボランティア体験講座」を独自に開いたり、障害者青年学級への理解を地域の人たちへ広げるなど活発に活動を展開しています。

生涯学習センター障害者関連事業では

一方、生涯学習センター（市内16館）では、2019年以降、明確に障害青年を対象にした教室・講座は開催されていません（2018年度までは、中村生涯学習センターのみが「障がい者青年学級ふれあいひろば」を実施）。主に小学生以上の障害をもつ人たちを受講対象とし、ダンス、ピンポン、太鼓、ヨガなど取り上げたプログラム内容を実施しています。講座のコマ数は、いずれも4～7回（1回2時間）と少なめです。市教委は、「生涯学習センターが行なう新たな講座・事業展開について」（2016年度　生涯学習部生涯学習課発行）のなかで、「健常者と障害者との交流やボランティアの養成を図る講座を実施してきた」「引き続き講座を実施していく」と記していることから、障害者関連事業（講座など）を今後とも継続していくように思われます。

上記の講座のほか、北生涯学習センターでは、前述の「瑞青福祉の日」を引き継いだ「福祉の日」を開設しています。これは、当センターが指定管理者委託された2016年度以降も継続された事業です。2016年度「生涯学習センター指定管理者仕様書」（市教委が指定管理者に要求する管理運営業務の基準を示すもの）には、「北生涯学習センターについては、名古屋障害者青年学級連絡協議会と共催で『福祉の日』イベントを開催しているため、関係団体と調整し、引き続きイベントを開催すること」と記され、指定管理者委託期間の2016～19年に実施し、その後同指定管理者が再度選定された2020年度以降も取り組むことになりました（2020年度はコロナウイルスまん延のため中止）。

この事業は名古屋市内で活動する知的障害者を対象とする団体（青年学級）同士の交流と地域の人たち

との交流を目的としたお祭りで、「連協」と北生涯学習センターで構成する「福祉の日実行委員会」が主催し、当日のプログラムは幾度かの実行委員会を開き決定します。

おわりに

今日、予算（補助金）の増額が見込めず、ボランティアスタッフなど学習支援者の確保が難しくなるなか、障害者青年学級の運営に支障をきたすケースが見受けられます。この現状を放置すれば、障害をもつ人たちが地域で豊かに暮らせるよう、生涯にわたって継続して学べる機会を保障することはできません。しかしながら、障害者青年学級のみでこうした障害者生涯学習の充実を図ることには無理があります。やはり低額補助金でボランティアスタッフ任せにするのでなく、自治体行政が障害者生涯学習支援に積極的に取り組む必要があります。

今後は障害者青年学級の拡充のみにこだわることなく、市行政が障害者生涯学習に関する施策を充実させ、それに見合った予算の確保や人員（障害者生涯学習を支援できる専任職員など）の配置、経験豊かなボランティアスタッフと連携した公的施設直営の障害者学級の増設などをめざすべきなのでは、と思います。

かとう・りょうじ＝元障害者の社会教育を語る会事務局長。元名古屋市社会教育センター（生涯学習センター）職員

（『月刊社会教育』２０１８年10月号一部修正）

第3章

生活と余暇を豊かにする

第1節

木更津市立中央公民館「ポランの広場」

――私たちが作り上げてきた大切な場所

松本明子

「ポランの広場」は、千葉県木更津市立公民館主催の青年事業である。13歳以上40歳代のハンディキャップをもつ方と15歳以上の学生・社会人スタッフが交流する場所として、２００６年に当時の若手担当職員が企画し開設した。今回は、23年継続している本事業の今の様子や運営するうえでの課題を、等身大にお伝えしたいと思う。

1　参加者の様子

「こんにちは。Oさんはいますか。次のポランの企画書を持って来ました。」彼は、軽度ダウン症のSさん。歴代担当職員に次回の企画書を平仮名の多い文でノートに手書きし、ノートから切り離して仕事帰りなどに自主的に提出している。また彼は、開催日に都合が悪くなると、数か月後の開催であってもわかった時点で、電話か直接来館して欠席の連絡をしてくれる。

「Oさんはいますか。次回の内容について電話したいので、○月○日○曜日○時○分に電話をください。」少しうつむき加減に几帳面そうな調子だがはっきりした口調で、あいにく不在の担当職員Oさんへ伝言を頼む自閉症のNさん。彼は、近くの工場でスーパーの店頭に並べる魚のパック作りをする仕事をしている。

「ポランの広場」開催風景

事業開設当時は、障がい者と学生・社会人が交流をもつ場所が近隣にあったかというと、なかったのではないかと思う。ポランの広場には、若者が50人以上集まり、ゲームなどのレクリエーションやものづくり、文化祭参加、キャンプなどを通じて毎月交流を深めていた。その後、学生が就職により地元を離れたり、公民館職員の定期異動により、何代にもわたり交代しながらポランの広場は木更津市内で唯一の公民館青年事業として継続してきた。

障がい者の参加者のなかには、親御さんが「自宅と施設以外の方と交流のもてる場所を作ってあげたい」という思いで参加していたり、日ごろ施設でくらしていて、平日は福祉作業所に勤め、開催日に自ら参加している人もいる。

一方、以前から学生スタッフとして参加していて、その後結婚し、子どもが産まれ、親子で参加しているスタッフもいる。ハンディキャップをもつ参加者は、子どもと一緒に遊んでくれたりして気にかけてくれる。赤ちゃんのころから参加しているスタッフのお子さんは、中学生になった今も参加しているが、ごく自然にバリアフリーを身につけている。

2 見えてきた課題

ところで、木更津市には15の公民館がある。市が直営で管理運営をしており、現在若干配置できていない館はあるものの、社会教育主事有資格者の職員が配置されている。中央公民館は、文字どおり市の中央館としての役割と木更津第一中学校区域の地区公民館としての役割を担っている。

私は、2016年4月、中央公民館に着任した。当時ポランの広場担当のKさんは、「ポランの広場は主催事業を止めたほうがよい」と着任早々の私に訴えてきた。主催事業として長年継続してきたが、当初の思いを継続していくためには、担当となった職員は相応の責任と覚悟が必要である。これまでの本事業の歩み、青年事業としての役割は、長く地区公民館に勤務していたこともあり、理解していたつもりではいたが、なぜ主催事業を止めたほうがよいと担当のKさんが言うのか、実際に現場を見て判断したいと説得した。

ポランの広場を開設したころと異なる点は、①かつて毎月開催していたが、現在はスタッフ会議と開催日を隔月交互に開催。②以前は50人ほどの参加者数だったが、ここ数年の参加登録者数は、それぞれ10人程度。課題としては、①新規の参加者がなかなか増えないこと。②年々参加者とスタッフの年齢が離れてきていること。③学生スタッフがなかなか増えないこと。

さらに公民館は、学生・社会人スタッフを常時募集し続けてボランティアの育成に努めなくてはならない。毎回参加しなくても、なんとか定着してほしいので連絡をし続けるが、学校卒業と同時にポランも卒業するスタッフが大半である。参加者やスタッフを取り巻く環境が多様化し、ポランの広場以外の「行く場所」がある。ボランティア活動は多面的に多様化しており、募集も学校でちらしを配布することだけでなく、ネットやSNSで情報を得たり、ボランティア活動をして学校に申請すると、単位を取得することができる学校もある。また参加者・スタッフが自力もしくは送迎によって公民館に来てもらうことが必要であることも、参加を左右する理由の一つになるかもしれない。

しばらくして、Kさんの「止めたい理由」の一端が見えた場面に遭遇した。バスで近くの少年自然の家に行き、レクリエーションをしていた時のこと。その日の体調がそうさせたのか、参加者Rさんが急に怒り出した。スタッフの一人が近寄ったら手で振り払われた。Rさんは、自閉症で身体が少し不自由である。少ない言葉数と態度で感情を表現する。結局、特定のスタッフだけが受け入れられた格好になった。

時折、参加者は感情のコントロールが難しい時があり、大きな声や奇声を発したり、落ち着きがなかったりすることがある。そんな時、どのような対処をしたらよいか、スタッフや担当職員は正直戸惑う。

開催後、スタッフと担当職員は、毎回振り返りをしているが、その日は接し方に困ったときの対処のしかたについて知識がなく、どうしたらよいのか、という意見が出た。

3　課題解決に向けての取り組み

一度、専門の方から教えていただく機会をつくって研修をしてみたらどうかということになり、二人の参加者が入居している市内の福祉施設の職員から話を伺うことになった。

お話によると、参加者はみな異なる症状を持つこと、日によってコンディションが違うため、大きな声を出したり、怒ったりする時があるとのこと。そのようなトラブルの対処のしかたとして、施設では職員と入所している障がい者が共通認識している有効なジェスチャがあるとのこと。ポランの広場のなかでもジェスチャを決められるとよいかとは思うが、施設によってジェスチャは違うので、有効とはいえない。また隔月の開催であり、毎日会っていないため、一人ひとりの症状や体調などを詳しく把握して接することはできない。それよりは、いつも会わない者同士が、その日楽しいひとときを過ごすことに力を注いだほうがよいのではないか、とのことだった。

参加者の普段の生活を、写真を見せていただきながら話を伺い、日常生活以外に出かける場所があることを楽しみにしている参加者の様子がわかり、スタッフや担当職員は嬉しく思った。と同時に、これでよいのか、もっと知っておくこと準備しておくことがあるのではないか、専門的な知識を持つ方に来ていただき、開催中常駐していただいたほうがよいのではないかなど、根本的な悩みは解決されなかった。

翌年度は、交流することを楽しむという点ではこれまで以上に前向きになったが、一方で専門的な知識がやはり必要なのではないかという気持ちは残り、今度は、公民館で話をしていただくのではなく、施設に伺い、見学するなかで何か得るものはないかということになり、前述の参加者が住んでいる施設の見学と対処のしかたを学ぶつもりで訪問した。

見学させていただき、参加者が公民館に来てふだん交流することのない健常者のスタッフとのふれあいを、我々が思っている以上に楽しみにしてくれていることを改めて知るところとなった。また、ポランの広場に参加できる参加者は一握りであることを、施設に入所している方々の過ごされている様子を見学して認識することとなった。

施設の職員は、公民館職員から「募集ちらしを配ってください」とお願いされた後、参加できそうな方を考えながら渡さなければならないし、渡すタイミングを考えないといけないため、きっと困ったに違いない。いろいろな課題はあるが、現在はハンディキャップをもつ参加者と学生・社会人スタッフがそれぞれの違いを認め合って交流し、ポランの広場を作り上げていくことが大事であるというところで折り合っている。

4　大事な居場所としてのポランの広場

２０１８年度は、手作りした道具でゲーム大会、クレープ作り、ボッチャ体験、文化祭参加、パン工場で体験と見学などさまざまな内容で交流をした。

ボッチャ体験

年度の最終回、スタッフのAさんから活動に遅れると連絡があった。活動終了後、到着しないAさんを参加者全員が残って待っていた。ほどなくAさんは到着して参加者する皆と会えたのだが、自分の到着を待ってくれていたことを知ると、嬉しそうにしていた。

交流するなかで、現在の担当職員Oさんとスタッフの信頼関係が深まってきた。2年前に「自分はリーダーだ」と突然立候補し、皆からリーダーとして認められたSさんは、参加者への配慮もさることながら、開催中盛り上げようと積極的に動いてくれる。主催者・参加者共に成長著しい。

参加者・スタッフともに人数がもう少し増えるともっとよいのだが、双方の人数やバランスがとれていないと運営しづらく、かえって今の人数だから意見を出しやすいし、まとまりやすいのではないかという意見が一年の振り返りで出されていた。

年度末の最終回に、私は、「みなさんが積極的に関わってくださり、大切に思っていただけている限りポランの広場は続きます。間もなく25周年、四半世紀になろうとしています。ぜひお祝いの会をしましょう」と伝えた。この場所は、ハンディキャップをもつ参加者、学生・社会人スタッフ、公民館職員が作り上げてきた場所である。これからも、彼らの大事な居場所となるよう職員は応援を続けていこうと、新年度に向けて思いを新たにしている。

まつもとあきこ＝木更津市中央公民館職員

（『月刊社会教育』２０１９年6月号掲載）

第2節

卒業後の人生をより豊かに

――特別支援学校「聖母の家学園」余暇活動支援事業の取り組み

辻　正

聖母の家学園の余暇活動支援事業は、廃校の危機を乗り越え、高等部を1987年に設置して第一期卒業生を送り出した1990年頃から同窓会活動の形で準備が始まりました。「学校から社会」への移行期にある高等部を設置して、青年期教育に取り組むなかで、青年たちの悩みや願いを知りました。また高等部では、今も進路の問題が大きな課題としてあります。高等部5年間教育としての専攻科の設置（1995年）を経て、2017年度よりスタートの専攻科4年制を踏まえ、約30年間の余暇活動の取り組みの成果や課題を報告したいと思います。

1　すべては高等部設置から始まりました！

本校の余暇活動支援事業は、同窓会活動の形で始まりました。毎月卒業生有志数名と在校生で事務局会議を開き、計画や準備、みんなへの連絡などを行ない、また活動終了後には反省会を持ち、次回につなげていくようにしました。当初の活動は、学校行事の運動会（10月）や学園祭（11月）を中心に、うたごえ喫茶（年間2～3回）ソフトボール大会、全国障害者問題研究会全国大会への参加（2泊3日）、成人を祝う会（1月）などでした。1995年に専攻科が設置されてからは、青年サークルとマリアバンドの2つの活動が本校の余暇活動支援事業になっています。全国各地の青年学級も、学校で十分できなかったことを保障していくためにつくられてきた歴史がありますが、本校もそのような形で準備が始まりました。

3年間の高等部では、知り合えた仲間と離れ離れになって職場実習に明け暮れます。限られた期間で学校から社会への綱渡りのような進路支援にならざるを得ません。卒業式までのカウントダウンのころに苦手だった作文を書きあげるようになった生徒の姿が忘れられません。学校卒業後の彼らの生活をより豊かにし、また彼らのなかに芽生え始めた様々な課題を解決するため、ゆっくりと自分づくりを進めるために1995年に高等部専攻科を設置しました。高等部5年間教育としての専攻科教育をスタートさせ、同窓会活動も余暇活動支援と位置づけて現在の形へ引き継がれていきました。

青年期のライフステージを豊かにするには、「余暇をどのように過ごせるか」が、大きく関わってくると思います。家族と一緒に過ごしたり、友だちと遊んだり、自分の趣味を持ったりと、休日を自分なりに楽しく過ごせることで毎日の生活も充実したものになってくるのではないでしょうか。余暇を楽しむことそれ自体が大きな価値を持っています。

また就労している人も、余暇を楽しむことで次への頑張りにつながっていきます。職場でのつらいことを我慢するだけでは職場に定着することはできません。余暇活動は就労を支える力にもなっていきます。

2　音楽表現活動を通して楽しい休日を！
——「マリアボーイズ&ガールズ」バンド活動

１９９４年に教職員３人が中心となって、いろいろな行事でバンドとして歌い始めました。最初は、教職員が演奏をみんなに聴かせる形でした。やがて歌うことに興味を持った仲間たちが一緒にやり始め、歌だけでなく、キーボード・ドラム・ギターなどの楽器も担当するようになりました。やがて名前も「マリアボーイズ&ガールズ」と決め、活動が続いていきました。

毎年、マリアバンドの担当職員が集まって、学校の年間予定を見ながら、また青年サークルの活動予定とも重ならないように練習・出演の計画を立てています。現在は40人ほどの在校生・卒業生が活動しています。毎年開催していた公共施設でのコンサートも現在は隔年開催となりましたが、コンサートが開催される年度は、開催日に合わせての直前練習を含め、約8回の練習やライブを行なっています。そのなかで総会も持ち、新曲についての話し合いなども行なっています。

この話し合いで、バンドのメンバー全員の自主性や主体的にバンド活動に参加する姿勢を育ててきたと思います。在校生のときからみんなと一緒に歌うことに興味をもって参加してきた彼らですが、音楽に対する興味や関心は、この活動を通してさらに深く広がりを見せ始めています。演奏の技術はまだまだですが、音楽表現活動を通して楽しい休日を過ごし、いろいろな所に演奏に出かけ、音楽があったからこそたくさんの人と交流できました。

3　青年サークル「マイムマイム」

2000年に準備会から正式に青年サークルとしてスタートしました。現在の会員は60人です。準備会のころは、集まる人数が多くても10人ぐらいだったのが、だんだんと増えていき、体制を組んでいかないと運営が難しくなりました。規模が大きくなると、しっかりと準備していく必要が出てきます。卒業生も年齢とともに運営面でも力を発揮してくれるようになってきます。

青年サークルの利点は、参加しやすさにあると思います。放課後デイサービス事業が始まったころに、少し会員数が減少したことがあります。しかし、また増えてきた理由は、放課後デイサービスが個人を対象としているのに対して、青年サークルには仲間がいる、という大きな違いがあるからだと思います。単に余暇を楽しむだけでなく、仲間と一緒に集い、時間を共有することが大きな特徴になっています。バス旅行もスポーツレクも「あいつがいるから」、「あの子がいるから」という魅力は大きな要素といえます。

重い障害のある青年の保護者の方は、「いつも安心して青年サークルに送り出せる」と話してくれました。学校時代に共に学んだ仲間が青年サークルにいること、そしてそんな友だちが彼の名前を呼ぶだけでとても落ち着いて過ごす様子をいつも目の当たりにしてきたそうです。そこに青年サークルの、単に企画や内容だけでない、一番の魅力があると思います。

同じ時間を共に過ごして、卒業生にとってこの活動はまさしく生きがいであり、人生を豊かにしていくものと実感しています。そして彼らと共に運営していくなかで、彼らを支える保護者の皆さんや私たち職員、そしてボランティアも成長してきたと思います。青年サークルの活動に参加して、在学当時は知らなかった保護者の方同士が連絡を取り合って旅行に行くような関係になったケースもあるようです。障害児を抱える者同士、悩みを分かち合える関係が生まれてきたことを嬉しく思います。

卒業後の人生は長く、山あり谷ありの連続です。生涯学習の取り組みは、青年たちの豊かな人生のためのものですが、その活動で参加しているみんなが成長していけることも私たちの財産だと思います。

4　成果と課題

この活動を始めたころは、「成人を祝う会」は同窓会活動のなかで行なわれていました。専攻科設置でこの「祝う会」は学校の行事となり、本校では小学部から高等部まで成人を迎えた青年たちの姿を見ることができるようになりました。その姿は、後輩たちにとって大きなあこがれです。二度とない人生をより豊かに送ることは、みんなの願いです。今までの歩みを振り返り、これからの夢をみんなで確認しあう場となりました。

2年間の専攻科教育でどんなに重い障害があっても成長し、発達していく姿を見ることができました。「青年期を豊かに！」という当初の目標は、専攻科の設置である程度達成されたのかもしれません。しかし専攻科設置を経て、余暇活動支援に取り組んでくるなかで、成長や発達は2年間だけでなく、長く深く広がってきていることがわかりました。青年サークルやバンド活動のなかで、可能性があることを実感します。それは仲間と共に取り組む彼らに自信や意欲が生まれてきているからでしょう。

この余暇活動支援事業に取り組んでいると卒業生の抱えている状況や課題を知ることができます。本校の卒業生への支援活動は、関係機関と連携して行なってきました。課題は休日の活動になるため、担当者として教員の負担が大きいことがあげられます。彼らの思いを実現するためには、より大きな支援体制の輪も必要になっていると思います。

２０１７年度から聖母の家学園は、専攻科４年制をスタートしました。今までの高等部５年間教育から高等部３年間と専攻科４年間の実践が始まっています。青年期は、嵐の時代とも呼ばれ、人間の成長・発達の大きな節目がここに存在します。しかし雨が降ることで後の実りが訪れるように、とても大事な時間です。仲間と様々な学びや経験を積み重ねるなかで自己肯定感は育っていきます。

専攻科の実践を通して私たちが実感するのは、このような時間をかけることで、第二の誕生というべき新たな自分との出会いを感じている青年たちの生き生きした姿です。こんな青年たちの存在こそ、明日の社会を力強く動かし、変えていく力になっていくと思います。学校から社会への移行期にある青年期の学びは、彼らの「学びたい」という願いに寄り添い、それを「生きていく夢や希望」へ変えていくことではないでしょうか。

学ぶことの楽しさを知り、その広がりや深さに出会うことは、生涯を通して生きていく大きな原動力になっていくことでしょう。

最後に専攻科４期修了生でバンドがスタートしてからずっと参加してくれているIさんに、ハッピーコンサートが終わってこれまでのことを振り返ってもらいました。「バンドでは、みんなの知らない学園オリジナルソングを歌うのが楽しい。新校舎ができて公共のコンサートホールではなかったけれど、ようやく講堂で自分たちの音楽を楽しむことができた。こけら落としになったと思う。青年サークルは、自己休暇として参加しています。今回は伊勢に行ったけど、日帰り旅行やボウリング、毎年10月に行なわれる聖母の家祭りへの参加などとても楽しい。」

約20年間、新校舎建設運動に取り組み、多くの卒業生たちは、新校舎で学べずに学園を巣立っていきました。彼らを支援するために取り組んできた余暇活動支援も今回の学園の講堂で行なった「ハッピーコンサート」で一つ実を結んだと思います。

文科省の生涯学習に対する政策を見て、これまでの全国の運動が間違っていなかったと確信を新たにしました。今まで歩んできた道を、彼らと共にさらに一歩一歩進んで行きたいと思います。教育年限を延長してゆっくりと自分づくりができる青年期教育と余暇活動支援事業を通して、卒業後の人生を豊かにしていくこと、障害者権利条約のめざす共生社会の形成を一つひとつ実現していくために頑張っていきたいと思います。

つじ・ただし＝聖母の家学園元校長

（『月刊社会教育』２０１９年2月号掲載）

第3節

仙台市障害者スポーツ協会の取り組み

阿部一彦・菊地利之

仙台市内における障害者スポーツ活動は、宮城県障害者スポーツ協会が担っていたが、仙台市が政令指定都市になったことを契機に準備が進められ、１９９１年に仙台市障害者スポーツ協会が設立された。そのような経緯もあり、両スポーツ協会は互いに協力関係を維持しながらも、しだいに地域のニーズなどに応じた独自の取り組みを行なうようになってきている。

１　第１回全国障害者スポーツ大会をきっかけに

知的障害のあるアスリートが初めて参加・活躍した１９８８年の長野冬季パラリンピックのレガシー

（遺産）として、全国身体障害者スポーツ大会と全国知的障害者スポーツ大会を統合した全国障害者スポーツ大会が、２００１年に「第１回翔く・新世紀みやぎ大会」として宮城県利府町と仙台市などにおいて開催された。

さらに、精神障害者が参加できないのに全国障害者スポーツ大会というのはおかしいという市内の精神障害の方々の声をもとに社団法人日本精神保健福祉連盟の協力のもとに同年９月に全国精神障害者バレーボール大会が仙台で開催された意義は大きい。同大会は、第８回大会から全国障害者スポーツ大会の正式競技になっている。

大会開催地はすべての競技種目にエントリーする必要があるので、仙台市内の多くの障害者がスポーツの素晴らしさを体験できた。大会出場のために練習に励み、その成果としての達成感、そして自信と意欲をもとにさらに挑戦する姿勢を身につけたことは、スポーツ以外の活動にもつながったといわれている。また、地域の人々の障害理解とともに、多くの競技団体やボランティアの協力体制が構築され、その後の障害者スポーツの振興につながった。当協会は仙台市スポーツ協会に加盟し、現在は当協会の派遣理事が副理事長を担うことが慣例化している。加えて、様々な競技団体関係者が大会の審判や競技運営を担う関係性が築かれた。

2　障害者スポーツ活動の普及と拡大への取り組み

大会終了後、様々なスポーツに取り組む機会の拡大が求められるようになった。そのような声は「仙台市障害者保健福祉計画」策定のための基礎調査で明確になった。「スポーツ・娯楽を楽しむために必要なこと」という質問に対して、すべての障害種別において多かった3つの回答は「近くに活動できる場所（施設）があること」、「一緒にする仲間がいること」、「指導してくれる人がいること」であった。

さらに仙台市障害者施策推進協議会の議論を受け、『仙台市障害者保健福祉計画（平成15年3月）』に、スポーツ活動の支援の項で「障害者の多様化するニーズに対応し、体力づくりや軽スポーツとして、あるいは競技スポーツとして、そのニーズに応じて選択できるように幅広いスポーツ活動の推進を図るとともに、すべての障害者が、その特性と興味に応じて参加できる競技大会の開催を支援すること、並びにスポーツボランティアや指導者の養成・資質向上のための研修などの充実を図り、そのネットワーク化を促進すること」が記された。さらに障害者スポーツの拠点機能の整備の項が設けられ「スポーツ活動について障害者の幅広いニーズに対応し、指導者やボランティアの育成、支援をするなど、障害者スポーツ振興を図るための中心となる機能を有する施設の整備を進める」ことが明記された。同計画は、その後の障害者スポーツの普及と振興のための大事な根拠になった。

3　障害者スポーツの拠点施設整備

その後、大規模スポーツ施設建設に関する情報が入手できたので、その一部に障害者スポーツ施設の設置を要望する活動を展開した。仙台市障害者保健福祉計画に拠点施設と障害者スポーツ活動の重要性が明記されていたこともあり、待望の障害者スポーツ施設が開設されることになり、バリアフリー・ユニバーサルデザインの考え方を取入れた施設の必要性を訴えた。そして、障害者スポーツ優先施設を含む仙台市新田東総合運動場が２００７年6月に開設され、当協会事務局スペースも確保された。

すべての要望が実現できたのではないが、開設までの過程での緊密な協議により、サブアリーナに予定されていた体育館が障害者スポーツ優先アリーナになるとともに、他の施設も障害があっても使いやすいものになった。衝撃を吸収する素材を活用して車いすが直接体育館の壁に衝突しないような構造となっている。また、サウンドテーブルテニス専用室やアーチェリー場も設置された。メインアリーナ、障害者優先アリーナと隣接する休憩室のいずれにも冷暖房設備が設置された。トイレ、シャワーも、1階と2階に個室ひろびろトイレ（多目的トイレ）がそれぞれ4か所と2か所、さらに各階の男女トイレ内にも車いす利用者用のトイレがつくられ、男女のシャワー室に車いす利用者用、およびシャワーつき家族更衣室も2か所設置された。また、３５８台の駐車場の内、40台分が障害者用とされた。こうした設備のため、車いすバスケットボールなどの団体競技の大会開催時にも安心して競技に専念できる環境として高い評価を得ている。

4　仙台市障害者スポーツ協会の活動

当協会では仙台市の委託事業である大会、当協会主催の大会、加盟団体が主催する大会の共催など各種大会を開催している。そのうち、「宮城県・仙台市障害者スポーツ大会（陸上競技大会・卓球大会・サウンドテーブルテニス大会・フライングディスク大会・アーチェリー大会）」、「東北身体障害者水泳競技大会」、「宮城県・仙台市知的障害者水泳大会」は、全国障害者スポーツ大会の個人競技の予選会として、仙台市内と宮城県内から概ね1000人弱の選手が参加する最も規模の大きい大会である。

全国障害者スポーツ大会では国民体育大会とは異なり、都道府県及び政令指定都市がそれぞれの選手団を編成する。そのため予選会は県と市で別々に開催されているが、宮城県・仙台市では、宮城県と仙台市の両障害者スポーツ協会、県と市の両障害者スポーツ指導者協議会が協力し合い、各種競技団体、大学・専門学校の学生等の応援を得て行なわれる。選考された選手の強化練習会も両スポーツ協会、両指導者協議会、加盟団体などがかかわる。

その他にも様々な大会や事業が行なわれるが、ここ1、2年はパラリンピック関連の事業が増えてきている。大会としては、東北障害者バドミントン選手権大会IN仙台、東北身体障害者野球仙台大会、東日本車いすハンドボール大会、車いすダンスフェスティバル、仙台国際ハーフマラソン大会車いす競技、仙台市障害者スポーツ協会会長杯車いすバスケットボール大会、仙台市障害者スポーツ協会会長杯精神障害者フットサル大会などである。また、障害者週間に開催されるウエルフェアスポーツでは、仙台市新田東総合運動場の各施設を使用して十数種のスポーツを体験できる。障害のある人々とともに障害のない子どもたちも楽しく参加している。

加盟団体と協働で行なう各種スポーツ教室（20回程度）には毎年、延べ８００名前後の方が参加している。また、障害者施設などに出向いて行なわれる出前スポーツ教室（30回程度）の参加人数も毎年５００名前後になり、障害者スポーツ指導員やスポーツボランティアが担っている。障害理解促進事業福祉まつりウエルフェア（屋外開催）では、仙台市内中心部において子どもたちなどが気軽に障害者スポーツを楽しんでいる。

障害者スポーツ指導員などにより、幾つかの小学校などで行なわれる障害者スポーツ体験会もスポーツを通して障害理解につながる大事な事業である。生徒や保護者などもともに参加して「シッティング風船バレー」などを楽しんでいる。そして、車いす使用者の講話に真剣に耳を傾け、どのようなことに困っているのか、どのような手伝いができるのかを考えるきっかけとなっている。

新規の自主事業として障害者と家族、関係者を対象にスポーツ体験イベント「ふらっと障スポ！」が年6回程度開催される。障害の有無にかかわらず、ともにスポーツに親しむ機会を共有することが目的である。またパラリンピック競技を体験できる「パラスポ仙台」も年8回開催される。具体的には陸上競技、卓球、ボッチャ、バドミントン、水泳、ウィルチェアラグビー、ウィルチェアテニス、車いすバスケットボールを体験できる。若い障害者のスポーツ活動への入り口として期待される。

4名の協会職員とともに協会活動を支えているのは、加盟団体、障害者スポーツ指導者協議会、スポーツボランティアそして各種大会開催時の審判や競技運営にかかわる各種競技団体である。加盟団体数も少しずつ増え38団体になった。障害者スポーツ指導員の現在登録数は140数名で各種の事業に大きな役割を果たしている。また、ボランティアネットワーク研修を通して障害当事者も含めた社会人や学生たちが活動に加わっている。

初級障害がい者スポーツ指導員の資格取得のための研修会（3日間）では、障害に関する基本的な知識、障害の特性に応じたスポーツ種目や工夫の仕方、健康や安全管理などの理解を深める。ボランティアネットワーク研修会（2日間）は、障害理解と障害者スポーツに関する知識を習得する機会である。

また、活動予定などはホームページで紹介され、更新回数は毎年50数回に及んでいる。さらに障害者スポーツの振興には人的及び経済的支援が欠かせない。とくに自主事業は毎年の公益社団法人宮城県柔道整復師会、特定非営利活動法人ハートフル福祉基金や仙台国際ハーフマラソンのチャリティランナーなどからの寄付をもとに展開できている。

5　今後の課題
——2020年東京パラリンピックを経過点として

障害のない人々のスポーツ環境に比べ、障害のある人々の環境はまだまだ充分ではない。スポーツへのきっかけ、スポーツのできる設備・用具の充実、大会等の開催の支援、ボランティアの育成など、地域に根差し「すべての障害のある方のために」、きめ細やかにスポーツに取り組む環境をつくることが、仙台市障害者スポーツ協会の使命である。

1964年の東京パラリンピックのレガシーとして、翌年から全国身体障害者スポーツ大会が国民体育大会後に開催されるようになった。そして財団法人日本身体障害者スポーツ協会が設立された。また、1998年の長野冬季パラリンピックのレガシーが、全国障害者スポーツ大会をもたらし、第1回大会開催地仙台に大きく影響したことはすでに記した。

2020東京パラリンピック大会にも大きく期待したい。「ユニバーサルデザイン2020行動計画」は「ユニバーサルデザインの街づくり」と「心のバリアフリー」という二つの柱からなる。前者は競技会場のある東京だけではなく、全国各地において誰もが安全で快適に移動できるような環境を創るものであり、後者は国民の意識や行動に働きかけ、障害の有無にかかわらず相互に理解を深め支え合う共生社会をめざして具体的に取り組むものである。このとき、障害者の役割は自らの障害を理解し、自らにとっての社会的障壁（バリア）を取り除く方法を分かりやすく伝えることができるスキルを身につけることとされている。すなわち、スポーツを身近なものにするためにも移動環境が整い、一人ひとりに応じた配慮によってだれもがスポーツに親しむことができる状況を創るための絶好の機会が訪れているのである。これらの取り組みを身近な地域で実践するのは、地域における障害者スポーツ協会の役割である。障害者スポーツのさらなる振興に向けて多くの団体や人々とともに活動を展開したい。

あべ・かずひこ＝仙台市障害者スポーツ協会名誉会長、東北福祉大学教授
きくち・としゆき＝仙台市障害者スポーツ協会事務局長
（『月刊社会教育』２０１９年3月号一部修正）

第4節
知的障害者（児）水泳教室「スウィミー」の取り組み

遠藤輝喜

1　スウィミーの発足の経過

「渋谷区手をつなぐ親の会」の要望

「渋谷区手をつなぐ親の会」（以下、「親の会」）学校部会は、知的障害のある子どもたちに必要なスポーツ教室の必要度や希望について、アンケート調査を実施し、この結果を「知的障害者・児のためのスポーツ教室開催の要望」にまとめ、１９９５年6月2日に当時の障害者福祉課長、社会体育課長、福祉司と懇談し、要望書を手渡し、体力の向上と維持を目的とした定期的かつ継続的なスポーツ教室の開催を求めた

教室の様子

（「プリズム№１５４号」（「親の会」会報）１９９５年５月31日発行）。保護者たちは、これより10年前から自主的な活動として知的ハンディのある子どもたちの水泳教室を始めていたが、会場の確保や指導者、コーチの確保が容易でないことが要望書提出の背景にあった。懇談の結果、障害者福祉課長は、障害者福祉課を窓口として継続的に話し合い、関連行政部所と調整することを約束した。

水泳教室の開始と運営体制の構築

懇談を受けて、１９９６年６月より「親の会」と社会体育課が知的障害者の水泳教室の実施に向けた話し合いを開始した。１９９７年９月13日に、教育委員会主催で待望であった知的障害者（児）の水泳教室が開始された。参加者は小学校1年生から42歳までの26人であったが、抽選漏れもあるほどの申し込みがあった。総括指導員に日本体育協会A級スポーツ指導員を迎え、かつ渋谷区水泳指導者連絡会（現渋谷区水泳連盟）の専門指導員が泳力別の4グループに配置された。ボランティア（サブ指導員と称した）は、スポーツリーダー養成講習会に参加した者を中心として組織され、学生14人、社会人41人が登録した。教室は通年で実施すること、そして保護者の役割を重視することも求められた。保護者の役割として、参加者の個性をボランティアに理解してもらうこと、指導員やボランティアとの意見交流会なども行なうとされた。

こうして継続的かつ泳力別に指導するという基本形態が形作られた。社会体育課と十数回の話し合いが持たれ、また養成講習会の内容に障害者理解、ボランティアの養成に関わる事項を組み入れ、保護者も講習会に参加する（「プリズム№１６４号」１９９７年10月1日発行）などして、教室全体に積極的に関わり、関係者みなで参加者を支える体制が構築された。そして、２０００年11月からは、絵本に出てくる小さくて賢く困難に負けない魚である「スウィミー」の愛称を用い、ロゴとして使用するようになった。

2　スウィミーの現状

事業概要

現在の事業目的は、次の4点である。①水泳を通じて水中運動の楽しさを身に付ける。②定期的に体を動かす習慣を身に着け、健康、体力づくりを行なう。③学校、家庭、職場以外の活動を広げるとともに、コミュニケーションを図る。④日常生活の中で、水泳や活動を自主的に楽しんでいけるように、きっかけづくりを行なう。水泳教室を通じて、障がいのある人の社会性を拡大する観点を含んでいる。教室開始当初、①は水泳技術の指導・習得の色合いが強かったが、参加者の状況なども踏まえて現在のものに変わっている。なお、②〜④の変更はない。

対象者は、知的障害のある小学生以上で、①医師が水泳を許可している、②排泄を知らせることができる、③送迎、着替えを手伝える保護者がいる者と規定している。毎年の参加者は40人ほどであり、継続者が多く、新規参加者は多いときには5人ほど、少ないときは1人のこともある。

開催日時は、5月中旬から3月中旬まで。夏休み期間や年末、年始を除き基本は第2、3、4土曜日の午後2時30分から3時30分に実施していた（2020年度の変更については後述）。

事業内容として、①泳力に応じた水泳指導、②イベントの開催、③水泳の発表会、④保護者・指導員・ボランティアとの懇談会がある。

所管は教育委員会事務局スポーツ振興課であり、事業運営は2016年から渋谷サービス公社（株式制度の形態をとるが、渋谷区100％出資による外郭団体的性格）が担っている。実際の運営に当たっては、渋谷区水泳連盟およびボランティアの存在が大きい。水泳連盟は、専門指導員4人を派遣し専門的な指導を担っている。2019年度の参加者は41人であったが、水泳指導29人、受付他の担当6人合わせて35人のボランティアによって支えられた。

指導形態は、生徒を泳力別に6班に分け、専門指導員とボランティアが各班に配置される。2・3班はクロール、バタフライ、背泳で泳げる集団であり、指導員（ボランティアを含む）は練習メニューを提示し、コース途中で見守り、自主性を尊重した内容である。東京都障害者水泳大会に出場する人もいる。1・4班は補助を受けて泳ぐことができる集団で、個性に合わせて泳ぎやすい形態、独力で泳ぐ練習などの内容となっている。5・6班は泳ぐことができない人たちで、ジャンプ、バブリング、ボビング、体伸ばし他、マンツーマンでの水中運動的な内容が主であり、密着型の指導法であった。

全体の運営について

サポート委員会が重要な役割を担う。運営上の課題や年間の計画等について意見を集約し、課題の解決に向けて取り組む組織である。委員会は、保護者、ボランティア、専門指導員の各代表および渋谷サービス公社、スポーツ振興課の五者で構成される。月第1回目の教室開始の前に開催され、各代表者は課題を持ち帰り、意見を集約してサポート委員会に提言する。たとえば、参加者の高齢化に伴い保護者はさらに高齢化し、送迎や見守りが困難になっている実例もあり、生徒の参加条件を緩和する必要などを議論している。また、渋谷サービス公社は、サポート委員会の招集、資料作成・配布、決定事項の遂行他、スポーツ振興課は、スウィミーの全体方針を定め、円滑な運営ができるよう全体調整を担っている。

専門指導員会議

専門指導員会議は、専門指導員、渋谷サービス公社、スポーツ振興課の三者によって構成される。教室は、前期5月、中期9月、後期1月から年間23回開催される。各期開始の前に事業の目的、対象者、運営方法・メニューの確認、生徒の泳力による班の変更、ボランティアの担当班の変更、生徒の体調の共有化など教室開始に際し万全の体制を考えている。

さまざまなイベントの開催

①前期の最終日に実施するウォーターフェスティバルがある。プールのゲームで保護者も加わり楽しむ企画で、大玉送り、玉入れ、25m泳ぎなどである。②2期の最後の教室終了後にお楽しみ会があり、保護者により、ちょっとしたパーティーが開催される。生徒、保護者、ボランティア、渋谷サービス公社、スポーツ振興課との交流の場でもあり、生徒たちにはプレゼントも用意され、ささやかな楽しみの場でもあ

る。③年度最後の教室では、発表会と称して1年間の成果を発揮する機会を設けている。泳法は何でもよく（ビート板使用なども可）、25mの記録を取り、記録証と修了証を渡している。生徒とボランティアに皆勤賞や精勤賞を出し、1年間の労をねぎらっている。④夏休みにはボランティアによる自主的な活動として、保護者同伴の障害者とその家族、友人、またボランティアを対象とした数回の実技コースを実施している。ビート板キック、各泳法のステップアップ、保護者やボランティア向けの練習メニューなどを行なっている。⑤毎年6月を目途に避難訓練を実施し、生徒、保護者とも避難ルートの確認および専門指導員、ボランティア、渋谷サービス公社職員の役割を再確認し、参加者の安全を担保している。

3　スウィミー再開に向けた取り組み

スウィミー再開への経過

スウィミーの再開に際して、「必要なことは何か」「しなければならないことは何か」をまず考える必要があった。2020年6月に第1回の専門指導員会議を開催し、密を避けるためには、何をどうするのか検討を開始した。専門指導員会議を6回開催するなかで、運営体制の変更やカリキュラムの変更も必須となり、専門指導員、ボランティアに求められる指導方法も大きく変わり、混乱が生じないようボランティアへの説明会・実技研修会を2回実施した。また、保護者の不安を取り除くための説明会も実施した。

スウィミー　タイムテーブル・コース形態

	専門指導員	ボランティア	生徒
13：30		受付開始	
14：00	当日打合せ		
14：15	プール内準備	5・6班　準備	5・6班　受付・更衣開始
14：30		1・4班　準備	5・6班　教室開始
			1・4班　受付・更衣開始
14：45		2・3班　準備	1・4班　教室開始
			2・3班　受付・更衣開始
15：00			2・3班　教室開始
15：15	5・6班　教室終了		
15：30	1・4班　教室終了		
15：45	2・3班　教室終了		
	全体ミーティング（ボランティアはリーダーのみ）		

運営形態全般の見直し

①教室参加にあたっては、まず体調の悪い人は無理をせずに参加を見送ること。当日、体温測定をし、37・0℃以上の人は参加できないとした。②1コースの人数は、指導者を含めて8人程度を最大とすること。③昨年1回の平均生徒参加者数は17・5人であり、ボランティアは16・8人であった。プール内だけでなく、むしろ更衣室や待機場所の密を防ぐことが重要であることから、3班体制を組み、各15分の時間差を設けて、入水・教室・退水とする形態に変えた。14時30分〜15時15分、14時45分〜15時30分、15時〜15時45分の形態（表参照）である。シャワー後、直ちにプールに入り、準備体操そして練習へとつなげていく形態をとった。3形態による更衣室への人数の制限、また生徒は、事前に指定されたロッカーを使用することで密をさらに避けるようにした。換気にも十分配慮し、教室の途中でも使用済みロッカーの消毒も実施した。④脱衣の時間を短縮するため、できるだけ水着を着用して登館するよう依頼

した。⑤タオルなどは個人で持参し、物品を他人と共有しないことも確認してきた。

指導法の見直し

個人指導は感染の可能性も大きいので、指導法の大胆な変更が必要とされた。①1班～4班の泳げる人は、コースを一方向に泳ぐ形態をとり、身近で交差することを避ける形態とした。指導者をコース途中に配置し、密を避けてのサポート体制をとった。必要に応じてフープ、ボールなどを使用する。

水泳練習には、ドリル練習（基本的な技術や知識などを繰り返し学習すること）を導入した。②5・6班は泳げない生徒であり、これまで濃密な接触による個人指導法であったため、これをどう解消するか、個人指導から集団指導への転換が大きな課題であった。とりわけ6班に属する人は、身長が低く、プールの水深が110㎝で小さくて立てない参加者もいるので、プールフロア（赤台）8個を水中に入れ四角に配置し、水深を調節することで、一方向に水中歩行ができるようにした。

指導者はサーキット運動の見本を見せて、一連の同じ内容を繰り返し実施することで理解しやすいようにした。フープをくぐったり、ボールを水中から離して空中にでたボールをつかむなどのプール運動を取り入れた（障害者の水中運動については、荒井正人「プールで楽しく運動発達」、『月刊実践障害児教育』2012年7月号、学研プラス、に詳しい）。

スウィミーの再開

2020年度の第1回スウィミーが、9月12日に中幡小学校温水プールで開催された。申込者は37人であり、17人の参加者があった。ボランティアは15人であった。9月5日に保護者への説明会を実施し、保護者他22人の参加者があった。説明内容は、前述の新型コロナ対応の取り組みが主であり、参加条件の徹底、更衣室の密を極力避ける、指導法の変更、保護者の観覧席の密を避けるなどを伝えた。説明会が一定の功を奏したのか、それまでに、しばらくの間、あるいは今年度は参加を見送りたいとの申し出が保護者からあり、参加者は少ないと推測していたが、2019年の平均参加者数とほぼ同数の参加者であった。

東京都の水泳大会に参加しているF君は、どんどん泳いで元気な泳ぎを見せてくれた。5・6班の泳げない生徒も、ボールやフープなどを使用して楽しみながら水中運動を行なっていた。参加者の感想を聞くと、しばらくぶりのプールで「楽しかった」との声が多く、「もっと泳ぎたい」、「みんなに会えてうれしい」などと答えてくれた。またN君は、いつもはあまり表情を出さないが、母親が「あいさつ」と言ったら、こちらにほほえみかけ頭をちょこんと下げ、帰っていった。ちゃんとみんなの行動がわかっているのだ。参加者の喜んでいる姿がまぶしく映り、みんな早くプールに戻ってきたかったのだと思った。反省会では、いくつかの課題も指摘され、引き続き検討していくことにした。

スウィミーはようやく始まったばかりで、これからが勝負の時と、気持ちを新たに取り組んでいきたい。

えんどう・てるき＝渋谷区教育委員会事務局スポーツ振興課 社会教育主事

（『月刊社会教育』2020年12月号一部修正）

第５節

地域にはばたけ

――ＮＰＯ法人Ｐ·ｉｐｐ·ｉを立ち上げて

中條尚子

１　何が、どこが、違うのか

長い間、障害がある人と向き合って暮らしていると彼らの何がどこが違うのかがわからなくなる……。学生時代に父の学校で出会った障害児学級の生徒の皆さんとの出会いが、私の人生を大きく変えました。親のすねをかじり学生生活を謳歌していた私には、特殊学級（現在は特別支援学級）の皆さんの笑顔、大きな声で話す陰日向のないあっけらかんとした様子に知らず知らず引き込まれていきました。こんなに大きな声で笑ったの久しぶり……、と学校からの帰り道一人思い出し笑いをしたものです。

毎日楽しくていいなと父に言うと、父は「あの子たちは大きくなっていくんだよ。今のまま成長が止まるわけじゃない。あの子たちは一生与えられたレールを歩いていくしかないんだよ。今は学校という守られた環境で過ごせるが、卒業後のほうが人生は長い。つらくてもしんどくても生き抜いていかなくてはならない。だれが彼らを守り、あの笑顔を絶やさずにいられるのかを周囲は考えていかなければならないということがわかるか」と私に話したのです。当時、父から言われたことの深い意味はよくわかりませんでした。ただ、どこか私のなかで学級の皆さんに対する見方が歪んでいたのかなあと思ったくらいでした。

あの時の父の言葉は、今でも私のなかに強く残る言葉なのですが、その後、私は公民館専門員として22年勤務しました。障がい者学級を担当し、社会教育という世界を知らないまま現場畑を歩き始め、土・日の障がい者学級を正規職員といっしょに展開していきました。学校教育後の社会教育とは何ぞや？ 日々暗中模索が続き、ただがむしゃらに日々を送ってきました。

父がいた学校の生徒さんたちも卒業後に公民館の青年学級に通い、週末は公民館という言葉が聞かれるようになりました。年々学級生（区市により呼び名は違う）が増え、週末の公民館はあふれんばかりの笑顔と大きな声がとどろいていました。人数増により、プログラムや人の態勢にも課題が出て、手探り状態が続きました。他市や区と連携をすることで解決できるのではないかと提案をしたところ、他市も同じような悩みをもっていることがわかり、横のつながりの大切さを感じながら学級活動を行ない、月一度の情報交換の場を設け、学級運営のノウハウを学び生かしていく日々が続きました。私たち障害者青年学級担当者は、この日この時の時間に集中し、学級を活気づけることに精いっぱいなのですが、彼らが公民館で過ごす時間はほんのひとときにすぎないのです。

2 青年学級への疑問から

公民館専門員としての私の勤務も20年を超えたころから、青年学級はいったい彼らのなかでどんな位置づけであるのか、公民館の青年学級活動の成果が日々の生活のなかで生かされているのか、と疑問が沸々と湧いてきました。青年学級の活動は、彼らの生活のなかの一部分にすぎず、彼らの毎日の生活を何も知らないのです。父が話したレールとは何を意味していたのか。つらさやしんどさを生き抜くってどんなこと。彼らを取り巻く環境を今一度見直すことが必要なのではないだろうか、と思うようになりました。毎日笑顔で楽しいことばかりのように見える生き方をしている彼ら。仕事のこと、生活設計のこと、親亡き後のこと、将来像のことなどについて想像もつきませんでした。

このままでは障がいのある人たちの一部分しか見えてこない。同時に、青年学級のあり方にも疑問を感じ、楽しみの場だけでいいのだろうか、その時だけのイベントでいいのだろうか、もしかしたら創りあげる苦労や喜びがあり、創りあげたことに対しての振り返りが必要ではないだろうか、そして個々の可能性を見出し、個に合わせたプログラムが必要なのではないだろうか、と思うようになりました。

しかし今までの流れを変えることは難しく、ましてや公的機関ならではの予算・人材にも限界がありました。月一度の情報交換の場でも協議しましたが、担当者のだれもが実は同じように思い、感じていながらなかなか実現しないジレンマだったのです。青年学級にはいろんな形があるので、どれが正解ということもありません。

3　法人を立ち上げる

私は、自分の考えを貫くため、新たなかたちを作るしかないと考えて立ち上げたのが今の法人です。「Self-Actualization Supporters 障がい児者活動支援」を法人名としました。これは「自らが行動を起こす。何らかのアプローチを発する。その行動に対してサポートをする」ことを意味します。

だれもがもつ感情や意志を上手に伝えることができないゆえのジレンマは計り知れません。日々の生活のなかで伝えたいこと、わかってほしいことの半分も伝えきれないであろう彼らの気持ちを何とか伝えてあげたい。好きな人のこと、将来のこと、親亡き後のこと、大好きなスポーツのことなど、本音で腹を割って話すことができたらどんなにストレスがなくなるだろうと思います。「共に生きる」とか「共生できる関係」とかカッコいいことはいえても、本当にできているかといえば疑問です。かつて公民館勤務時代の私もそうでした。

しかし、今法人を立ち上げて10年を迎えようとしている私の自負は、正面からぶつかり合い遠慮なく話せる関係がある、ということ。そしてＰｉｐｐｉのかたちでもある「自然体」です。見えない空気が創りあげる不思議な関係。年齢の幅を超え、互いに助け合い、譲りあい、援助し合うことでルールができるのです。社会性、協調性が育っていることを周囲のスタッフ（サポート者）は見てとれます。Ｐｉｐｐｉのスタッフは、とにかく辛抱強い。彼らの力が引き出せるまで待てる力。「待つ」、「待てる」、「認める」。長い時間と時を重ねかけ創りあげる関係がそこにあります。同じ人が変わることなく、同じ言葉を交わしていくことがどんなに必要かをPippiにいるといやでも学びます。

ここに至るまでにいろいろなことがありました。多くの人々の輪に支えられたことが、原動力になったのでしょう。地域のなかに根を張り枝葉をつけていくことこそが、かれらのはばたきなのです。

4 Pippiの活動

Pippiは、会員（社員）70数人のNPO法人です。会員活動のサポートをする理事は11人で、発足当初から同じ人が携わっており、主に次のような活動を展開しています。

①障害者総合支援法に基づくグループホームでの生活

オートロックの3LDK賃貸マンションに合計9人が暮らしています。それぞれが鍵を持ち、隣近所との挨拶やマナー、ごみ出しのルールも生活のなかで学んでいます。

②水泳

地域のスポーツセンターを利用して週2回泳ぎます。全員が年1度の大会にも参加するぐらい力をもっています。

③室内運動

月2回、地域の体育館で汗を流します。集団スポーツを中心に競技性を高めるようにしています。

④料理

地域の調理室を借りて行ないます。献立、買い物、調理、振り返りまでの流れのなかで作る喜び、食べる楽しさを学びます。

⑤公園消掃

市役所から委託を受けて、定期的に市内の公園の消掃を行なっています。

⑥イベント

毎月1回のお出かけプログラムです。毎回40人を超える参加で大賑わい。異年齢の参加者がグループに分かれて見学したり、体験したりします。

⑦話し合い学習

自分たちが抱える諸問題をフリートークしながら意見を出し合っています。毎年の社会教育研究全国集会にも参加しています。

⑧ボウリング

地元のボウリング場と提携して週2回、2時間の練習をします。会員は、全国大会にも参加するぐらい上手です。

⑨地域支援事業

会員の送迎や一時預かりをします。

発足当初は、会員家族の「子どもに運動をさせたいが、親は連れて行くことができない」という強い要望から水泳を中心に活動していました。公共のスポーツセンターを利用するためのハードルは高く、スポーツセンターや機関との交渉にも時間がかかりました。当初は、「なぜ地域の施設なのか。障害者には専用のスポーツセンターがあるではないか」と厳しい言葉を浴びましたが、根気強く、粘り強く交渉を重ねた結果、条件付き（使用時間帯・サポート体制・マナー等）で許可がおり、活動を開始しました。

年々参加者が増え、時が立つにつれ、周囲の目も見守ろうという視線に変わってきたのを感じました。親との協力、周囲との対話を重ねることで理解の幅が広がることを私は体感し、同時に「感謝」することを改めて学びました。次々と活動の範囲が広がり、法人も大きくなってスタッフの育成や指導も求められてきました。法人の目指すものを理解してもらいながら、活動に参加する社員の成長と可能性を引き出し、長い目で見守り、待つ、待てる姿勢をつくることを私は伝えていきました。

家族とのつながりも欠くことなく、Ｐｉｐｐｉならではの対応をつくり上げてきています。今では、Ｐｉｐｐｉの活動が生活の一部となっています。「Ｐｉｐｐｉの活動に参加してよかったね」の一言でスタッフをはじめ、私たち法人理事もそれまでのしんどさやつらさが吹き飛ぶのです。

5　Ｐｉｐｐｉの今とこれから

ＮＰＯ法人立ち上げ後14年が経過しました。特別支援学校に通学していた人が、社会に出て初めて手にした給料（工賃）で一輪のバラの花を買って届けに来てくれたことを今も忘れることはありません。学校生活で学んできたことと社会に出て学ぶことは大きく異なり、悪戦苦闘している姿を垣間見ました。それでも、言葉の端々にだれかのために働いているという責任感を感じさせる姿を見てとることができたことを嬉しく思いました。

わが住む街で様々な事業を展開していますが、時の流れとともにその仕組みや制度も変わりました。障がい者にやさしい街かどうかについては、14年経っても回答は出ません。また、世界を恐怖のどん底に落とした新型コロナウイルス感染症の猛威で、これまで培われてきたものが一転してしまったことは否めません。活動の制限だけでなく、人の心も変えてしまったウイルス。やり切れないもやもやをぶつけるところもなく、内にこもりイライラが募り、バランスを失ってしまう人の姿をたくさん見聞きします。こうしたなかで、Ｐｉｐｐｉもギリギリまで事業展開するも限界があり、感染の終息を願い再開を待つのが現状です。

法人の事業の大きな位置づけとして、先に紹介した共同生活援助（グループホーム）ピッピがあり、利用者が切磋琢磨しながら毎日を過ごしています。しかしコロナ禍のなか、今までのような勤務時間の仕事ができなくなったり、外出プログラムがなくなったり、作業所での仕事もみんな別々の部屋でするようになったりと働き場にも制約が出て、そこで我慢をし続け、こらえていたものが家に帰ってくると緊張の糸が切れるのでしょう。大声をあげたり、物を破壊したり、暴言を吐いたり、罵倒したりと持っていきようのない憤りが自分の家だからこそ出てくるのでしょう。

しかしながら、共同生活では一定のルールは守らなければなりません。グループホームの生活も10年を超える人たちが主流となった今、親亡き後も永住の住処としてピッピがあります。そこには、私たちスタッフの力ではなく、自分たちの力でそうしたどうしようもない憤りを説き伏せるような、育ちあう者どうしのいたわりのような何か不思議なオーラのようなものを見たような気がします。

おわりに

15期を迎えるＰｉｐｐｉです。支援にかかる者もしだいに高齢化し、健康を維持していくことが難しくなりつつあります。後継者づくりを考えねばならないのですが、今までの思いや軌跡を引き継げる人材をいかに育てていくか悩むところです。若い世代につなぐことも地域にはばたくことですから。

私は長い間、公民館という現場畑を歩いてきました。そうしたなかで考えるＰｉｐｐｉの目指す生涯学習は、個ではなく輪（仲間）です。一緒に考える力、ともに育ちあう力です。励ましあい、助け合いながら笑いを忘れず暮らす毎日がどんなに大切かを心身で感じ、次の世代へとつないでいきたいと思います。

なかじょう・なおこ＝特定非営利活動法人Ｐｉｐｐｉサービス管理責任者

（『月刊社会教育』２０１６年５月号一部修正）

第6節

障害をもつ人の恋愛と結婚を支える

――長崎・南高愛隣会結婚推進室「ぶ～け」の取り組みから考える

平井　威

1　「地域移行」の先にある「愛する人との暮らし」

津久井やまゆり園で起きた事件は、あらためて未だ多くの知的障害者が大規模入所施設で暮らしているというわが国「ノーマライゼイション」の現状を示した。

しかし既存の入所施設を閉鎖した法人もあった。それはすでに10年も前のことだ。長崎の社会福祉法人南高愛隣会は、2007年3月、入所更生施設「コロニー雲仙更生寮」と入所授産施設「雲仙愛隣牧場」を閉鎖し、すべての利用者をグループホーム等の地域共同生活に移した。(1)この過程で結婚推進室「ぶ～

け」という自主事業を立ち上げ、希望する利用者の恋愛や結婚、子育てを支援する体制を整えはじめている。

統括部長（取材当時）の松村真美氏は、そのいきさつを「ふつうの場所でふつうに暮らすことを追い求めていたら、必然的にこうなった」と語る。ボーイスカウト仕込みの野外訓練なども取り入れた就労を目指す職業教育が成果を上げて、グループホーム等で暮らす利用者も増えていた。その人たちに「何のために地域で暮らすと？」「何のために就職したと？」と聞いても、「みんなもうキョトンとしていた」という。結婚推進室「ぶ～け」ができて、恋人がいる人、結婚している人、子育てをする人を身近に見るようになって彼らの目標が変わった。「愛する人との暮らし」「幸せになること」が手の届く現実的な目標になったというのだ。

結婚推進室「ぶ～け」は、4つのサポートをする。①異性との出会い・恋活、②夫婦・パートナー生活、③子育て、④自分磨き・スキルアップ。恋活パーティーや子育て家族の交流会などを年20回以上開いている。同居するカップルを定期的に訪問しては、夫婦生活や子育ての悩みを聞いて助言している。20代から70歳までの約190人が、月2500円の会費を払って登録している(2)。

2　出会いや自分磨きを支援する「ぶ～け」のイベント

どのようなイベントがあるのだろうか。「ぶ～け」Facebook(3)を覗くと、「2月と言えばバレンタインデーということで、毎年恒例になっているイベント、「バレンタイン&ホワイトデーパーティー」を開催しました(*^_^*)。また今回は、カップル限定のイベントとして開催しました。乾杯の合図とともにお食事がスタート。食事中に、おかずを「あ～ん」する「あ～んタイム」を設けました(^0^)。ランチの後は、恒例のゲームの時間です。今回は「ラブラブBINGOゲーム」を行いました（中略）。

ゲームの後はプレゼント交換の時間です！　みなさん、それぞれが用意したプレゼントをかわいくラッピングし、プレゼントを渡す前に一言「これからも仲良くしていこうね」など、相手に気持ちを伝えて渡していました(*^_^*)。

今回は、カップル限定ということもあり、仲睦まじい姿をたくさん見ることができました。イベント終了ギリギリまで職員に「写真を撮ってください」とハートの飾り付けをバックに写真を撮っているカップルもいらっしゃいました。（2020・3・3投稿）」

「今回のスキルアップ講習は、「新型コロナウイルスの影響を受け、家で過ごすことが増えた太郎さんが、久しぶりに恋人の花子さんと会うことになった」という設定で、事前に撮影した身だしなみに関するロールプレイの映像を上映し、良い点や悪い点について、参加者のみなさんに考えてもらうという内容でした。

そして、全地区の会員の方が参加できるよう、諫早地区・佐世保地区・長崎地区をオンラインでつないで実施しました。まだまだ慣れないオンラインでのイベントのため、滞ってしまうこともありましたが、会員の方は、一生懸命に考えてくださいました。

コロナ禍で外出の機会が減ったり、マスクを常につけています。そのため、人と直接顔を合わせる機会が少なくなり、ついつい身だしなみが疎かになったり、髭を剃るのを忘れたりする会員の方もいたかもしれません。今回の講座を通して、身だしなみを整えることの大切さ、身だしなみひとつでお相手の印象がグッとアップすることに気づけていただけたのではないでしょうか！（２０２１・１・２４投稿）」

3　戸建てグループホームに暮らす3人家族

小さいがモダンなつくりの一軒家が数棟並んでいる。いずれもグループホームだ。そしてその中の一軒に山岡耕太さんと妻の幸恵さん、一人息子の耕次君の3人が暮らしている（いずれも仮名）。そんな山岡家にお邪魔したのは、２０１５年の春だった。結婚推進室「ぶ～け」10年の成果と課題を詳らかにし、他地域でも展開可能なノウハウを取り出すことを目的とした共同研究実地調査のためであった。

私の「一番支援をうけていることはなんですか？」という質問に、山岡さん夫妻は「1か月に1回の子どもを持つ家族の『おひさま会』っていう交流があって、あっちこっち遊びに行ったり、コミュニケーションとったりですかね」、「私もママたちと集まったときは、子どもの困った行動など話して『いっしょ、いっしょ！』とか言って励ましてもらっています」と答えている。子育てで困ったことについて幸恵さんは、「耕次は4月から学校に上がるのでだいぶ強くなったんですけど、1か月に1回か2回は必ず入院していたので……気管支炎とか、熱を出すとか。3歳の年末には熱性けいれんを起こしました」という。

そして耕太さんに「では、今一番心配なことは？」という質問をすると、「それは、耕次のことです。学校に行ってちゃんとやっていけるのか。勉強についていけるのか。それが一番です」と答えてくれた。

思わず私は、「そうですよね！　愚問だったなぁ」と頭を下げた。わが子の小学校入学を目前にした親に同じ質問をしたら、だれでも耕太さんのように答えるだろう。そんなことも気づかず聞いた私の心のどこかに、山岡さんが親である前に障害のある人だと思い込んでいたからかもしれない。山岡さんは、障害のある人の前に普通の親だったのだ。

山岡家は、子育て世帯支援の典型例となっている。ご夫婦は、それぞれに障害者総合支援法にもとづく就労支援（幸恵さんは就労継続A型事業所勤務、耕太さんは障害者雇用促進法による企業就労）や共同生活援助（グループホーム）を受け、障害基礎年金も各自受け取っている。しかし「子育て」そのものへの障害福祉的支援は公的にはない。既存の子育て支援策では、乳幼児検診と保育所それに児童手当は使えたが、実際の子育てに関わる各種相談事業は使い勝手が良くない。ミルクの飲ませ方や沐浴の仕方、健康状況のチェックや判断といった日常的な支援が必要だからだ。それを主に担うのが「ぶ〜け」担当者というグループホーム世話人兼任スタッフだが、実際にはグループホーム担当世話人も幸恵さん等への支援の延長で臨機応変に関わっている。

山岡さん一家が暮らすグループホーム。奥様が出迎えてくれた

しかしさらにユニークな法外事業として、障害をもつ子育て夫婦によるピアカウンセリング的な自主的組織を作り、そこで「ぶ〜け」専任の援助のもとで他の子育て家族との交流や先輩ママからの助言などが得られる仕組みにした。これが「おひさま会」で

ある。

4　「人生の学び」をコーディネートする「ぶ〜け」の支援内容

共同研究では、当事者10名ならびに法人理事長、顧問、「ぶ〜け」担当者、担当統括部長に対するインタビューおよび実地見聞・資料調査とともに、「ぶ〜け」登録者172名とその支援者（グループホーム世話人、家族等）に詳細なアンケート調査を行なった。この結果から、どのような支援がなされているかについて、以下紹介する。(4)

交際相手を見つけることへの支援では、第1に「ぶ〜け」交流会への参加を促す、第2に「決められたルールを守る・生活態度の改善・身だしなみ声掛け・TPOにあった服装などのアドバイス・基本的生活を身につける・金銭管理を自分でできるようになる・小遣いについての支援・たばこの量を減らす」など生活上の課題解決への支援、第3に「もっと積極的に女性と会話をするようアドバイスする」などコミュニケーションに関する支援をしていることがわかった。

また、交際中の人たち（交際群）への支援でも、図1のように「身だしなみ」や「金銭管理」など基本的な生活に関する支援やコミュニケーションに関する支援が多く提供されており、性に関する内容は意外と少なかった。それには次のような事情が反映している。

第1に、「ぶ〜け」の支援がグループホームにおける援助と一体的になされていることから、交際に関

図1　現在の支援内容　交際群

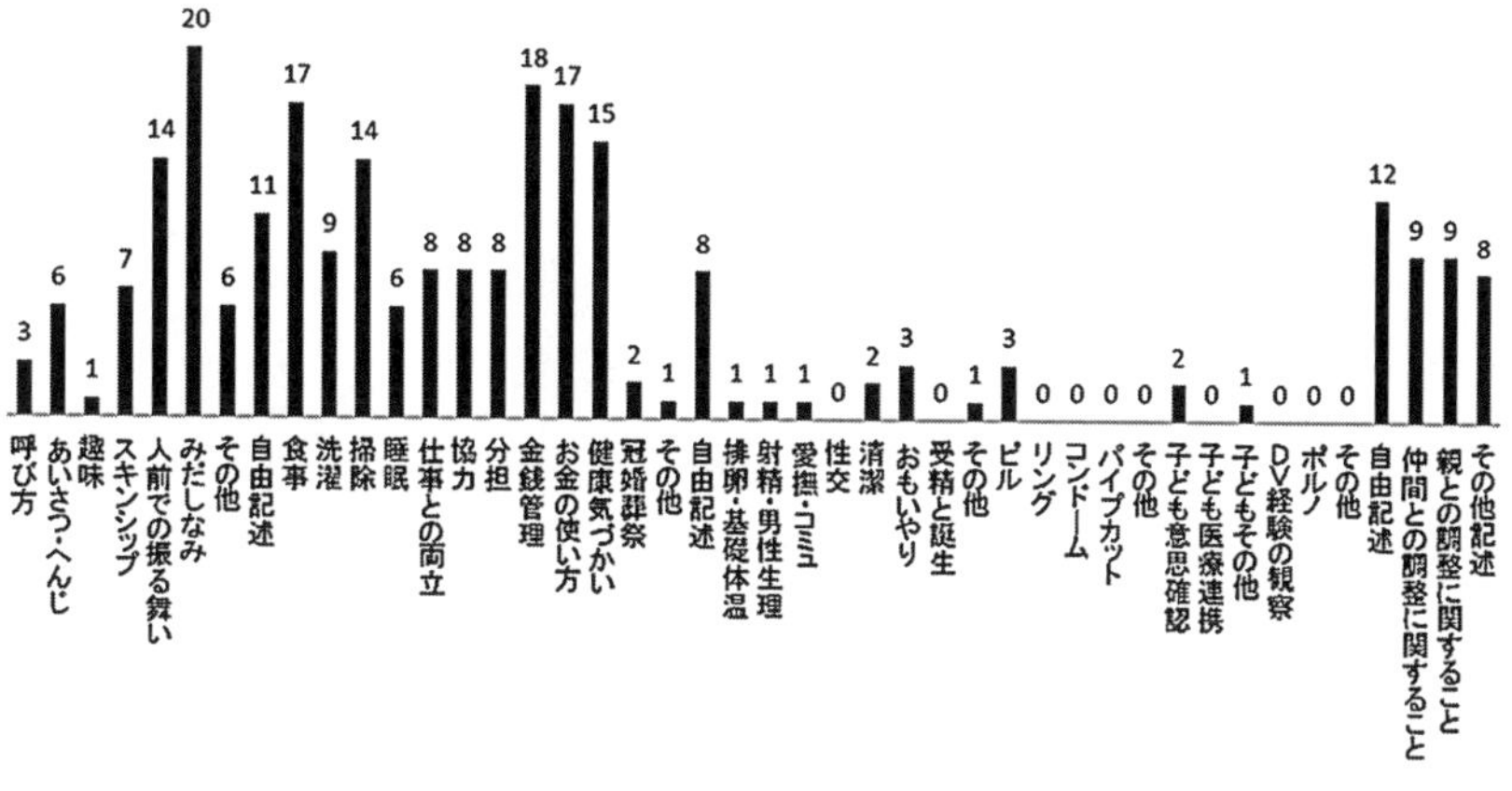

してはかなり禁欲的であり「見守っている」といってよい。デートに出かけてもそのまま成り行きで……といったことはほとんどない。結婚・パートナー生活[5]をしている人たちも、ホテル、公園、夜のデートは交際中だれもしていなかった。「交際はキスまで。性行為は生活実習[6]になってから」という暗黙のルールがあるようだ。

第2に、性に関する支援は「ぶ～け」として体系的に実施されているわけではなく、必要に応じて世話人・法人職員らが個々に実施していた。世話人は女性がほとんどのため、男性利用者への個々の性支援は法人男性職員が担っている関係でアンケートに反映されなかったと思われる。この点は共同研究以降、地元大学との連携による性教育プログラム実施を模索して改善を進めている。

それに対して結婚生活・パートナー生活をしている人への支援は、調査に応じた17組すべての世帯が夕食の配給サービス（同法人経営の就労継続支援事業所で作られている）を利用しており、図1の交際群よりも支援を受けている項目や量が増えていることが特徴だ。性生活に関する支援も「愛撫・コミュニケーション1、清潔4、おもいやり8、受精と誕生に関する指導2、ピル服用10、リング2、コンドーム1、子どもを持つかどうかの意思確認8、子どもの医療連携4」となっている。

また自由記述によると、金銭問題・浪費、飲酒問題、浮気・性の不一致、DV、出産・子育てによる妻の精神的問題、親や親戚との付合い、親の介護問題等々、まさに「人生いろいろ」。結婚・パートナー生活というライフコースがある人生は、これまでの障害者福祉の文脈では目の当たりにすることがなかった事柄が語られていた。結婚・パートナー生活を送っている人の多くは、家庭的な支援に恵まれず、子どものころから施設で過ごしてきた人たちだ。結婚・パートナー生活を継続していくために大切なことは何かという設問に対する支援者アンケートでは「相手へのおもいやり」が多くあげられていた。

5 「ぶ〜け」の切り開いてきた地平
——障壁除去のヒューマンエージェンシー

障害者の権利に関する条約は、「どこで誰と生活するかを選択する機会を有すること」(第19条a)、「合意に基づいて婚姻をし、かつ、家族を形成する」こと(第23条a)および「生殖及び家族計画について年齢に適した情報及び教育を享受する」権利を認め、それらを確保するための効果的かつ適切な措置をとることを国に求めている。また、わが国の障害者総合支援法では、第1条の二(基本理念)で「どこで誰と生活するかについての選択の機会が確保され、地域社会において他の人々と共生することを妨げられないこと」が掲げられ、その「障壁となるような社会における事物、制度、慣行、観念その他一切のものの除去」をうたっている。

　南高愛隣会も、かつては入所してきた若い人たちの間で性的な問題などが起こらないように厳しく接したという。顧問の田島良昭氏は、「以前の私を知っている人からは、前と言っていることが全然違うではないかと言われています。でも平成14年の暮れに私は目覚めた。間違いに気づいたら直せばいいのではないかと思っているのですけれども、本当に遅かったのです。長い間、気づかずにすまなかったと思います」[7]と率直に振り返る。いわば「障壁となる慣行と観念」を支援者側が変えたのだが、そのきっかけは「ぶ〜け」開設前に起きた利用者女性2人の果敢な行動だった。妊娠したことと相手の男性を隠し通し、わが子の出産を施設長の田島に認めさせたのだ。生まれた2人の子どもとシングルマザーのための子育て支援プロジェクトチームの経験が「ぶ〜け」の前身となった。当事者のヒューマンエージェンシーが壁に風穴を開けたのだ。権利は承認される必要はあるが、それはまずもって主張されるものであることを「ぶ〜け」誕生は物語っている。

　そして毎月のイベントを軸にした、交際・恋愛への機会を提供する独自事業を展開し、交際をはじめた2人を「ぶ〜け」担当者やグループホーム世話人、法人職員らのチームによって「見守る」体制を確立し、交際から結婚・パートナー生活への移行システムともいうべき「生活実習」や、「ぶ〜け」担当者による個別相談、グループホーム事業所の職員・世話人による関係者調整のノウハウを蓄積してきた。

　さらに、パートナー生活が新たな問題発生のスタートラインでもあるという当然の理に気づき、そうであっても「愛する人との生活」経験こそ大切だと確信し、家族再統合の事例も含めて子育て支援の実績を積み上げたことで、「子どもが欲しい」という当事者の声をまっとうに受け止め、相談に応じている。ここに障壁を打ち砕いた後に作られる「制度」の萌芽を見ることができる。

（1）田島良昭『ふつうの場所でふつうの暮らしを　コロニー雲仙の挑戦1くらす篇』、ぶどう社、1999年。

田島良昭『施設解体宣言から福祉改革へ　障害をもつ人への支援も介護保険で』、ぶどう社、2004年。

（2）社会福祉法人南高愛隣会HP（2021年3月3日現在）。

http://www.airinkai.or.jp/service/annai_bouquet

（3）結婚推進室「ぶ〜け」facebook（2021年3月3日現在）。

https://www.facebook.com/love.buukle/

（4）これについての詳細は、平井威・「ぶ〜け」共同研究プロジェクト『ブ〜ケを手わたす―知的障害者の恋愛・結婚・子育て』、学術研究出版、2016年、を参照していただきたい。

（5）パートナー生活とは、婚姻関係を結ばず同居生活をする形態のこと。同棲・内縁というよりおしゃれですね。

（6）生活実習とは、交際中の2人が結婚やパートナー生活に移行するうえでお互いの相性と実際の生活イメージを確かめるために実施する支援付同居生活。世話人宿泊支援型のグループホームの空き部屋を活用し一定期間、性生活を含む体験を行なう「ぶ〜け」の独自プログラム。

（7）田島顧問の述懐、前掲『ブ〜ケを手わたす―知的障害者の恋愛・結婚・子育て』、99頁。

ひらい・たけし＝明星大学客員教授

（『月刊社会教育』2017年12月号一部修正）

第４章

差別や偏見、生きづらさと向き合う

第1節

障害をもつ人の人権から考える

——優生思想と「固有の尊厳」

小林　繁

障害をもつ人の人権、そのなかでも最も大事な生存権の問題がきわめて悲惨な形であらわれたのが、第1章でも触れた「神奈川県立津久井やまゆり園」で起きた凄惨な殺傷事件（以下、「やまゆり園」事件）であり、社会に大きな衝撃をあたえました。この事件の背景には、障害をもつ人を「あってはならない存在」とする優生思想が根強く存在することが指摘されている(1)とともに、近年の障害をもつ人だけでなく、マイノリティに対するヘイトスピーチやヘイトクライムの問題など、差別撤廃と人権保障が今日の重要な社会的課題であることを示しています。

1　優生思想をめぐる問題

「やまゆり園」事件の根本にいわゆる優生思想の問題があることについては、犯人が語った動機のなかにあらわれています。優生思想とは、一般に知的・生理身体的に優れた子孫を残すという社会的価値観に根ざす考え方ですが、この思想が最も極端な形であらわれたのが、知的および精神障害をもつ人や慢性病患者を抹殺しようとしたナチスドイツの優生思想であることはよく知られています。そこで問題としなければならないのは、障害をもつ人の安楽死から始まり、やがてそれがユダヤ人等の大量虐殺に至り、最終的に戦争へ突き進んでいったという歴史的事実です(2)。

「やまゆり園」事件は、異常な妄想にかられた被告によるきわめて残忍だが、特異な事件であるという意見がある一方で、現実には犯人が犯行の動機・理由として語ったとされる「障害者は生きていても仕方ない」、「障害者は社会からいなくなればいい」、「障害者は不幸をつくることしかできない」といった考えは、程度の差こそあれ様々な形であらわれてきているのです。この事件後ネット空間などには、犯人のこうした考え方に同調し、なかには礼賛する書き込みまでなされ、それが拡散しているといわれています。その意味で、犯人の考えは荒唐無稽な妄想などではなく、特定の思想として社会の深部にいわば伏在していたものが、この事件を契機に顕在化したともいえるのではないでしょうか。

もちろん、すべての人々は皆平等であり、その命も同じく尊く、何人もそれを否定できないというメッセージは、多くのメディアや関係団体から発信されています。しかし、思想としての優生主義の「厄介」な点は、それが「不合理な感情論や狂気がもたらしたものではなく、合理性を突き詰めた発想」[3]であるということ。つまり、「合理性」があるからこそ、それが社会的な制度として表現され、具体的に保健・医療の場にも反映されているのです。

歴史的に見ると、何らかの遺伝性の障害等を理由に中絶や障害児を生む可能性があると診断された人の不妊（優生）手術を合法化したのが、1948年に成立した旧優生保護法であり、そこには「この法律は、優生学的見地から不良な子孫を防止し、母体の健康のために施行する」と明記されていたのです。

この法にもとづいて1956年には羊水穿刺法による性染色質診断が、そして1966年には羊水穿刺法による染色体分析が可能となり、それを受け、同年に兵庫県の衛生部に「不幸な子を産まない対策室」が開設され、「不幸な子どもの生まれない運動」が展開されます。さらに1970年代に入ると、羊水検査による出生前診断に反対する障害者関係団体等からの抗議運動が起こるなど、羊水検査の問題が社会的に提起されてくるなか、優生保護法は紆余曲折を経て1996年に改正され、現在の母体保護法となるのです。

何らかの障害をもつ人が本人の同意なしに不妊手術を半ば強制的に受けさせられるなどの人権侵害が「不良な子孫を防止」という旧優生保護法の趣旨のもとで行なわれたことは、改正により旧優生保護法の条項の約6割が削除されたことからも見てとれます。

2 精神障害をもつ人と精神保健医療をめぐる問題

さらに忘れてはならないのが、犯人が精神科病院の措置入院歴[4]のあることと関わって、「やまゆり園」事件を契機に精神保健福祉法「改正」の動きが出てきたという点です。措置入院歴のある人の情報を当該の自治体が把握していなかったことが事件を防止できなかったひとつの要因であるとして、「改正」案では入院者の退院後支援計画づくりが義務づけられるとともに、その作成に際して警察も参加する精神障害者支援地域協議会が関わることや、個人情報に関する事項が本人の同意なしに転居先の自治体に通知されるようになるというものです。

これに対して、精神障害当事者のプライバシーだけではなく、「精神障害をもつ人の監視や差別助長につながる」(「全国『精神病』者集団」)として、人権をさらに侵害するおそれがあるという理由から、精神障害当事者および関係団体などから強い懸念や反対意見が出されています。特に措置入院後の継続支援に警察が関与する仕組みについては、日本精神神経学会が「地域における患者管理、リスク管理のためのものとなってしまう危険が常にある」という見解を表明しています(なお、この法案は、2017年5月17日の参議院本会議で可決されたが、その後審議未了となり、継続審議となっています。)。

同時にこの問題は、今日の精神医療全体に関わる人権侵害の問題につながっている点も指摘しなければなりません。日本が特に欧米諸国に比べ、人口比率で精神科病棟および入院患者の数が桁違いに多く、また平均の入院期間もＯＥＣＤなど先進国が20日前後であるのに対し、日本のそれは２００日を優に超えているのが実情です。この間若干減少したとはいえ、精神科の入院者数は32万人余と日本全体の入院患者数の20％以上を占めており、さらにそのなかの約7万人がいわゆる「社会的入院」といわれ、退院可能にもかかわらず、退院後の生活の受け皿がないという理由から、病院があたかも終の棲家のようになっている実態があります。このように精神科医療のあり方には多くの問題があり、かつてのらい予防法のように、国を相手取って裁判に訴える運動も起きています。

3　世界人権宣言と障害者権利条約

以上述べてきた問題や課題を考えるにあたって、障害をもつ人の権利保障に関わる国際的な取り組みの流れと意義を確認しなければなりません。周知のように、１９４８年に「人類社会のすべての構成員の固有の尊厳と平等で譲ることのできない権利とを承認することは、世界における自由、正義及び平和の基礎である」と喝破した世界人権宣言が国連総会で採択されました。

それを受けて国際人権規約が、そして１９７５年には障害者の権利宣言が決議されます。この権利宣言以降、障害をもつ人の社会参加の完全実施と差別撤廃に向けて様々な取り組みがなされるなか、切実な課題として意識されてきたのが、差別禁止などに法的な拘束力を持つ国際条約の批准発効が不可欠であるということ。この課題に世界中の障害当事者および関係者が取り組んだその成果が、ようやく２００６年の障害者の権利条約（日本政府の公式訳は、障害者の権利に関する条約）に結実するのです。

そこで重要となるのは、第2条で「障害に基づく差別」とは、「障害に基づくあらゆる区別、排除又は制限」を指すとし、平等にすべての人権を行使し、基本的自由を享有する上で必要かつ適切な変更や調整を意味するとされる「合理的配慮」を行なわない場合も差別に該当するという文言が盛り込まれたことです。これを受けて第3条で次のような原則が明示されています。「(a) 固有の尊厳、個人の自律（自ら選択する自由を含む。）及び個人の自立を尊重すること。(b) 差別されないこと。(c) 社会に完全かつ効果的に参加し、及び社会に受け入れられること。(d) 人間の多様性及び人間性の一部として、障害者の差異を尊重し、及び障害者を受け入れること。」

日本では、この条約批准に必要な国内法の整備として2013年6月に「障害を理由とする差別の解消の推進に関する法律」（略称：障害者差別解消法）が成立し、世界で141番目ではありますが、ようやく2013年12月4日に障害者の権利条約が批准されました。これにより、差別や偏見の解消と障害をもつ人への理解の広がりが期待されるわけですが、それと逆行するかのように、障害者差別解消法が施行された2016年、まさにその年に「やまゆり園」事件が起きるのです。

4　優生思想に対峙する「固有の尊厳」

先に優生思想は、一つの思想としての「合理性」を有しているがゆえに、社会的な制度として優生保護法が機能してきたことの問題について述べましたが、それが現在の母体保護法に改正されることによって、法制度的には優生思想は是正されたといえるのでしょうか。そこで問題にせざるをえないのが、この間の医療診断技術の進歩によって可能となった新型出生前診断（ＮＩＰＴ）です。２０１３年から、妊婦の血液から胎児の染色体異常を調べる出生前診断として実施されるようになった検査ですが、血液採取だけで診断が可能であり、以前の羊水穿刺法など比べて精度が高く、早い時期に実施でき、しかも流産など母体を傷つけるおそれがないため、比較的受け入れやすいといわれています。

事実、この検査の受診者は、開始から4年間で4万４０００人を超え、さらに受診者は毎年増え続けていることが報告されています。この検査は、安易に広がると「命の選別」を助長するおそれがあるとして、夫婦らの意思決定を支える遺伝カウンセリング体制の整備が要件とされますが、実際に染色体異常が確定した妊婦のうちの94％が人工妊娠中絶を選択したということです（「毎日新聞」２０１7年7月16日）。また、国立成育医療研究センターが国内のダウン症児の出生数を推定した研究報告によると、高齢出産の増加によりその出産可能性が高まっているにもかかわらず、出生数は２０１０年から7年間「ほぼ横ばい」であった。その理由として、同センターは出生前診断の利用拡大による中絶選択の増加の結果と推測されるが、それについては「『急速な妊婦の高年齢化と出生前診断の普及は均衡が取れている』として、出生前診断の『成果』を示唆するような説明」がされたということです（「毎日新聞」２０１9年10月30日）。

生命が体内に宿った段階で、障害を理由にそれを除去するという考え方も結局は優生思想と同根であるとして、障害当事者たちが中心となって反対運動を展開していますが、出生前診断のような医療のあり方までいかなくとも、優生思想の問題は日常のレベルでも問われているのです。例えば、２０１５年に茨城県の総合教育会議の席上、ある教育委員が特別支援学校を視察した経験を話すなかで、「妊娠初期にもっと(障害の有無が)わかるようにできないのか。(教職員も)すごい人数が従事しており、大変な予算だろうと思う」、さらに「意識改革しないと。技術で(障害の有無が)わかれば一番いい。生まれてきてからじゃ本当に大変」、「茨城県では減らしていける方向になったらいい」などと発言。それに対して同席していた県知事が、その後の取材で、教育委員の発言に「問題はない」と答えた(『朝日新聞』2015年11月19日)といった事例など。こうした発言は、のちに批判を受けて撤回されたとのことですが、かつての「不幸な子どもの生まれない運動」と同じ考え方であり、それが優生保護法がなくなっても依然として根強くあることを示しています。

このような状況をどう見るのか。「やまゆり園」事件と出生前診断は、優生主義という面で地続きになっています。そこから見えてくる優生思想のもつ「合理性」、つまり「社会の役に立たない」、「社会の負担(足手まとい)になっている」、「いない(存在しない)ほうが障害者本人にとっても家族、社会にとっても幸せ」といったように、社会への何らかの「貢献」という価値尺度で人間を評価するという考え、そしてそれは今日の「能力主義」のイデオロギーによってさらに補強されていくわけですが、このような価値判断によって人そして生命の選別が可能であるとする思想とどう向き合うのか。本来、すべての人の存在と命は平等に尊いものであるという「自明の前提」[5]が、現実には「前提」になっていないことの「不合理性」に、障害をもつ人ともたない人が真正面から向き合い、そこから優生思想のもつ「合理性」を不合理なものととらえ返せる力を喚起できるような共同の学びをいかにつくり出していくか。

次の節で紹介されている町田市での取り組みは、そのひとつの答えを示してくれているのではないでしょうか。第18回の若葉とそよ風のハーモニーコンサートでの「当たり前のことさえ理解されていない」。そして「私たち一人ひとりが、かけがえのない命です」というメッセージ。(6) それは、精神科医の斎藤環が喝破するように、「『生』こそがあらゆる価値判断の基盤であり、それゆえ『生』そのものの価値判断は原理的に不可能である」(7)(傍点引用者)ということ。つまり何人といえども人間と生命の価値の高低など判断することなどできない。ただ人間そのものの存在を無条件に肯定するという思想を対置する以外にはないということだと思うのです。

5　人権教育の課題として

以上のことは、優生思想にもとづく障害をもつ人への否定的価値付けに対して、例えば「障害をもちながらも……」、「障害に負けないで……」などといった文脈で障害をもつ人の存在と活動の価値を対置することによって障害をもつ人への否定的価値観を無化しようとすることの問題性を浮き彫りにします。その否定的価値観に抗して障害をもつ人も優れた能力や可能性を有しているというメッセージを発することが、結果的には優生思想を補強してしまうという逆説（パラドクス）を内包することになるからです。

そうした問題に対して、世界人権宣言の理念は明確です。それは、人間存在と生命そのものの価値判断はそもそも不可能であるがゆえに、「人類社会のすべての構成員の固有の尊厳（the Inherent Dignity）」を無条件に受け入れるということであり、だからこそ障害者権利条約第3条の原則の最初に掲げられているのです。そしてこれは、日本国憲法第13条の「すべて国民は個人として尊重される」の条文に重なります。

この「固有の尊厳」から、あらためて問わなければならないのは、「やまゆり園」事件の犠牲者の氏名がほとんど公表されていないという事実であり、裁判においても同様の対応がとられました。家族からの強い意向が直接の理由とされますが、それは家族の意識の問題などではなく、その背景にある障害をもつ人への差別や偏見がいかに根強いか、ということの問題です。そしてそれは、第1章で触れた障害当事者の家族が従来と同じような施設を望んでいるということの問題とつながっています。

とすれば、障害をもつ人の「固有の尊厳」を守るために何が求められるのか、そこに人権教育の課題が焦点づけられてきます。ただ、それは何か特別なことをするというのではなく、様々な人々との出会いと交流を日常的に進めていくというごく当たり前のことです。しかしながら、特に日本ではノーマライゼーションの理念が広がってきているとはいえ、実際には、障害、とりわけ知的障害をもつ人ともたない人の分離や区別がまだまだ厳然とあり、それが教育、生活、就労などあらゆる領域を貫いて、障害をもつ人ともたない人が出会わない現実がつくられているのです。

このような現実と向き合い、それを変えていくことが何よりも必要とされているわけですが、それは、命の大切さや人権の尊重と差別是正をあるべき論として訴えるということよりも、様々に展開されている具体的な実践と出会うことによってその事実を丁寧に伝えていくことなのではないでしょうか。例えば、医療ケアの必要な最重度の障害をもつ人が暮らすグループホームの取り組みなどは、重い障害をもっていても住み慣れた地域と人間関係のなかで暮らすことできることを実証しています。また、障害をもつ人が働く喫茶（カフェ）など、日常的な市民との関わりを意識とした取り組みからは、障害をもつ人ともたない人が地域で日々出会う可能性を見てとることができるでしょう。

こうした実践を通して、一人ひとりに名前があり、個性があるという当たり前の関係をつくっていくこと、そしていっしょに生きていいて楽しいという感覚を互いに共有しながらそれを発信していくこと。その地道な積み重ねが、障害をもつ人の、そしてすべての人々の「固有の尊厳」を守る確かな歩みになるのだろうと考えます。

（1）ここでいうヘイトクライムとは、「人種、皮膚の色、宗教、民族的出自、性別、性的志向、性自認又は障害」（米国の「ヘイトクライム防止法」）を理由に、そうした特定の属性を有する人々への憎悪にもとづく暴力等の犯罪を意味します。
（2）このことについて詳しくは、H・G・ギャラファー著、長瀬修訳『ナチスドイツの障害者「安楽死」計画』、現代書館、1998年などを参照。
（3）木村草太「『個人の尊重』を定着させるために」、『現代思想』2016年10月号、57頁。
（4）精神疾患の症状により自傷や他者に危害を加える恐れがあると医師が判定した場合に、家族や本人の同意なしに強制的に精神科病院へ入院させる制度。
（5）斎藤環「『日本教』的NIMBYSMから遠く離れて」、前掲『現代思想』、51頁。
（6）柴田保之「津久井やまゆり園事件と知的障害者の主張」、『月刊社会教育』2021年2月号、23頁。
（7）前掲「『日本教』的NIMBYSMから遠く離れて」
（『月刊社会教育』2017年12月号タイトルを含め一部修正）

第2節

当事者が語った「やまゆり園事件」

松田泰幸

1　本人活動の会

とびたつ会は、東京都町田市で２００４年5月から活動している本人活動の会である。１９７４年から行なわれてきた町田市公民館障がい者青年学級から「卒業」したメンバー有志で構成されている。きっかけは、青年学級の人数が１８０人を超え、新たな学級生を迎えることができなくなったことと、当時ピープルファースト大会など本人活動が盛んに行なわれ、その刺激を受けて町田でもぜひ本人活動の会をつくろうということになった。当初は8人であったメンバーも、現在20余人が参加している。

活動では、メンバーの結婚を機に性と生に関する学習会を開いたり、平和コンサートへの出演を機に町田に暮らす被爆者の体験談を聞いたり、新しい出生前診断の話を助産師さんから詳しく聞くなど、そのときどきの関心ごとについて学習会を開き学んできた。そして学んだ感想などをもとに歌をつくり、コンサートなどを通して思いを発信している。(1)

2　やまゆり園事件をとりあげたい

2016年7月26日に起きた津久井やまゆり園での事件（以下「やまゆり園事件」）については、当初私は「またもや凄惨な事件が起きてしまった」としか考えられず、この事件をとびたつ会という当事者のグループでどのように取り上げるのか、まったく見当がつかなかった。実際に、8月のとびたつ会で話題にしたところ、メンバーのなかにはこの件についてテレビ局の取材を受けていた人もいたことがわかった。

メンバーからは、「職員の教育を徹底してもらいたい」、「やまゆり園の職員は、薬（違法薬物―引用者）を使ってたのに、なんで職員にしたのかわからない」、「大学生のときから薬とかやり始めた。大学生のときに何かあったのかなと思った。なんにもなければあんな事件は起こせない」、「元職員がこんな事件を起こしたのか。職員関係で問題を起こしたのか。1階のガラス割って入っていた。『重度の人を殺した』と書いてあった。園長が取材のテレビをやっていたが泣きそうな顔をしていた」、「『障害者はいなくていい』と言っていたとかいうけど、なんでそこまでいっちゃったのかな」など意見、感想が出たが、それ以上深めることはできず、その後は他のイベントのこともあり、話し合うこともなかった。

転機は、翌年２０１７年開催予定のコンサート「第18回若葉とそよ風のハーモニー」の第１回実行委員会（10月26日）であった。この会に参加した町田市公民館障がい者青年学級・公民館学級のメンバーたちから「ぜひ、やまゆり園事件のことを取り上げたい」と強い思いが表明されたからである。公民館学級では、後述のとおり、夏休み明けの９月からやまゆり園事件について、全員で語り合ってきていた。

また、時を同じくして〝人間と性〟教育研究協議会の障害児・者サークルの永田三枝子さんから、事件について当事者の声をアピールする冊子を作成するにあたり、とびたつ会のメンバーからも文章を寄せてもらいたいとの依頼があった。

３　学習会を計画して

それを受けて、とびたつ会では学習会を計画した。これまで、メンバー各々がマスコミ等から得た情報をもとに意見を出しあってきたが、きちんと情報を共有したうえで、議論すべきと考えたからである。２０１７年11月に、情報提供と話し合いの進行を全国障害者問題研究会出版部の新井田恵子さんにお願いして実施した。参加者は、とびたつ会と青年学級メンバー、スタッフも含め、約40人。新井田さんが事件の状況と背景について話した後、用意された３枚のアンケートに答えるかたちで話し合いを進めた。そのときのアンケートの中からメンバーが自由に意見発言した部分を以下紹介する。介助付きコミュニケーショ

[2]ンによって発言された言葉を含む。

とびたつ会の学習会の様子

「他の人や違う立場の人の思いを想像することは本当に大切なことだと思う。これからもそんな機会をたくさんつくっていきたい。それが優生思想を乗り越えていくためにいちばん必要なことではないかと思った」、「今回、優生思想ということがあるということを認識していない人にもわからせてしまった。それを払拭するためには、一人ひとりの命の大切さ、すてきさを音楽、絵、文章など、とくに障害のある人からの発信で人々の心に訴え続けることが必要と思った」、「差別の心は私たちにもある。ふとしたときに忍び寄る。だからこうして勉強したり、いろんな人と話したり、他の人の思いを想像することが大切だと思った」、「少し難しかった。一番良かったのは、家族の思いや職員の思いを想像したところ。想像するのはむずかしいかなと思ったけど、一生懸命考えた」、「ぼくにとってこの事件のことを話すことはとても不愉快なこと。でも、なかったことにしてしまうことの恐ろしさは不愉快さを超えて、ぼくの気持ちを突き動かした。ただ、このことにふれるのはやっぱり怖いことなので、自然に言葉が少なくなってしまう。伝えたことは山ほどあるのでここで伝えたいと思います。この事件がぼくたちの置かれている状況をさらに悪化させたとは思わない。自分たちの置かれている状況を再認識することになった。ぼくのようにこうして思いを出して生活できる人もいる。だから（犠牲になった人の——引用者）名前を報道してほしかった。ぼくたちは、この社会で生きていくうえでどうしても差別の問題と直面しなければならない。そのときぼくたちはどうやって自分自身の誇りを失わずに生きていけるのだろうか。その答えのひとつは、今回のコンサートのなかにあります。仲間の大切さとぼくたちの思いを社会に届けることの重要性です。力をつくしますので応援してください」、「ぼくが殺される側の人間だということをリアルに突きつけられた。この切迫した状況は当事者じゃないとわからない。だからだれよりもこの問題を考えているということをこうして伝えたかった。お話しの間で、ときどき大きな声を出したりしてごめんなさい。でもぜんぶ聞いていました。ぼくは傍観者ではない。自分の問題として事件の推移をみている。ぼくたちの言葉の重さをみんなに伝えてください」、「私たちは意見を自由に言うことができないので、理解していない人間だと思われがちです。でもこの問題をだれよりも考えているのは私たちです。私たちが考えた結果は歌にします。この問題の背景には出生前診断、命の選択という問題が色濃く横たわっていることに関心をもってほしい。この事件のことは一人で考えていると怖くなるので、こうしてみんなで勉強できてよかった。知らなかったこともいろいろわかった」。

4　自信をもって生きていきたい

やまゆり園事件から1年が経過した2017年8月に、日野市障害者関係団体連絡協議会(3)の池上洋通さんを招いて学習会を開催した。テーマは、「だれもが『生きていてよかった』と思う社会をつくる――人権と平和と憲法と――そして主権者である私たち」。東日本大震災時の世界各国からの援助と、世界との繋がりのなかで生きていること。人権保障がどのように展開されてきたか。相模原事件が提起したこと。優生思想と法律。オリンピックとは何か。「障害のある人もない人も共に生きる日野市民条例（案）」についてなど、広範におよぶものであった。

それに対してメンバーが書いた感想を紹介する。「今日の学習会の最初にどれだけの人が東日本大震災のときに支援に来てくれたのかという話が印象に残りました。池上さんの人と人が助け合うことが平和に繋がるという言葉がスッと自分のなかに入ってきて相手に対して優しさをもつことの大切さを感じました。他にもオリンピックで大事なのはメダルを取ることではなくスポーツを楽しむことという言葉はとてもステキなことだと思ったし、海外では車いすの議員さんがいる国もあるということ、選挙に出ることも出来るんだという話は全く頭になかった大きな話が出て驚きました。昔から学校に行っていても今仕事をしているなかでもお世話になっているという気持ちを抱えているところがあったと思うので自信をもって、やりたいことを言葉にしたり挑戦してみていいんだなと思えたので池上さんの話を聞けてよかったし、ありがとうを伝えたいです」。

5　公民館障がい者青年学級での話し合い

町田市障がい者青年学級は、現在170余人が参加し、「担当者」と呼ばれる支援者50余人とともに、3つの学級（公民館学級、ひかり学級、土曜学級）に分かれて、活動している。ここでは、主に「やまゆり園事件」を受けての公民館学級の取り組みについて紹介する（障がい者青年学級全体の取り組みについては、第2章第5節を参照）。

公民館学級の話し合い

公民館学級は第1と第3日曜日に実施しているため、事件後の9月に活動があった。いつもの活動では10時に全体で集まり30分ほど「朝のつどい」をするが、この日は午前中いっぱい使って事件について意見交換を行ない、次の活動日にも同様の時間で話し合った。

翌10月の合宿は、津久井やまゆり園から直線で5キロの場所にある大地沢青年少年センターで実施したこともあり、キャンプファイアーでは19本のローソクを灯し、いのちに関するオリジナルソングを3曲歌って追悼した。その後の交流会は、いつもならお茶とお菓子を食べて楽しむが、今回は話し合いの会に変更して話し合いを行なった。

劇ミュージカルコースの活動から

先の9月の劇づくりについての話し合いのなかで、「相模原事件について話したい」、「ぼくたちは生きていてもいい存在なのに当たり前のように自分たちを傷つける人が多くて不安になりました」、「自分たちのことは自分たちでできるようにならないといけない」など意見が出た。10月の合宿では、「ぜひ私が話したいことは、仲間の言葉をかわりに話す必要があるということです。きちんと私たちが話せば、それをとおして亡くなった仲間の言葉が伝えられると思う。ずっと何も考えていない子だとばかにされてきたけれど、仲間のかわりに言いたい言葉は、私たちはちゃんと生きる意味があるということ。真正面から伝えたい。そして、亡くなった人たちは犯人に向かってこう言うだろうと。『そんな悲しい目をやめなさい。私は死んでしまうけど、あなたの命をうばおうとまでは思わないから、その悲しい目と考えを捨てて、仲間のなかでもう一度向き合い働いて』と」、「ぼくは新聞が大好きなので、たくさん新聞を読みましたが、どこにもちゃんと『考えがある』ということが書かれていませんでした。容疑者は豊かな考えをもつ人たちを殺したと意識を変えなければ、また同じような事件がおこってしまいそう。ぼくたちのまなざしがこんなにも変わったということ。いつのまにか力強いまなざしで話しをするように変わっていきました」などの意見が出、コースの成果発表会では、追悼の劇を発表した。そのなかでは、活動でつくった歌「やまゆりにささげるうた」と「永遠のやまゆり」がうたわれた。

炎のファイト健康体づくりコースの活動から
――事件への思いを伝える

外出の計画を話し合うなかで、津久井やまゆり園に行くことを決める。その外出の話を聞いた音楽コースのメンバーが19本のミサンガをつくった。そのミサンガと、別のメンバーの手紙、学級代表の手紙として書かれた作文、さらに命をテーマにつくったオリジナルソング３曲の楽譜をもっていって、施設の人に託した。

これらの活動を基に、２０１７年5月27日に実施した第18回若葉とそよ風のハーモニーコンサート(4)の公民館学級のパートのなかで、事件への思いが発表された。

(1)　とびたつ会の活動については、以下の本にうたづくりを中心に紹介されている。原・土岐・佐藤・日暮・森共編著『生き方にゆれる若者たち―障がいや病いを抱える当事者の自己の育ち』、群青社、2020年、163〜179頁。

(2)　「介助付きコミュニケーション」は、「手をそえるなどの介助をしてはじめて可能になるコミュニケーションの方法です。」(介助付きコミュニケーション研究会) 柴田保之著『社会に届け、沈黙の声』、萬書房、2020年。

(3)　藤井・池上・石川・井上共編『生きたかった―相模原障害者殺傷事件が問いかけるもの』、大月書店、2016年。

(4)　このコンサートは、ユーチューブで見ることができます。

まつだ・ひろゆき＝2004年からとびたつ会支援者

(『月刊社会教育』2017年12月号一部修正)

第3節

ライフジャケットを着てぷかぷか浮かぶ

――国立市公民館しょうがいしゃ青年教室における若者の実践

島本優子

東京都国立市公民館では、1980年に「障害者青年学級」(現在の名称は「しょうがいしゃ青年教室」)[1]が開設された。それ以降、障害の有無にかかわらず、若者たちの文化・学習活動が約40年にわたって行なわれてきており、近年では、多様な若者の参加がみられている。本稿では、そうした若者たちの実践を紹介するとともに、その意味や可能性について考えたい。

1　しょうがいしゃ青年教室の歴史

しょうがいしゃ青年教室の前身は、1960年に開講した「商工青年学級」と呼ばれる、「勤労青年」

向けの青年学級である。当時の日本は、高度経済成長と呼ばれる時期であり、経済成長に伴って、家族や地域など様々な社会構造が大きく変化していった。当時の国立町においても、集団就職で地方から東京に出てきた「金の卵」と呼ばれる若者が、商店などにおいて住み込みで働くようになる。生まれ故郷から離れ、ほとんど義務教育しか受けていなかった若者たちを対象とした商工青年学級では、平日の夜を中心に一般教養の学習、レクリエーションなどが行なわれ、1967年には、活動の拠点となる「青年学級室」（現在の名称は「青年室」）も開設された。

当時の青年学級には、高等教育の補完の役割もあったが、その後の進学率の上昇などに伴い、1970年代には他都市と同様に国立市の青年学級も停滞していく。そうしたなかで、これまでの「目標設定のある学習」ではなく、若者たちがコーヒーを飲みながら語り合うことができる自由な「たまり場」を志向し、新しく「コーヒーハウス」という名称での活動が始まった。

しかし、このコーヒーハウスは、1970年代後半、再びその性格が転換する。障害のある若者が活動に参加するようになったのである。そこに、障害児をもつ親の会からの要望も加わり、1980年、「障害者青年学級」が開設した。さらに国立市の実践のユニークな点は、障害者青年学級だけではなく、「青年室」の隣に喫茶コーナーを併設したことである。障害のある若者の「同じ青年なのに障害者には働く場がない」という声を受け、活動のなかで飲んでいたコーヒーに着想を得て、1981年「喫茶コーナーわいが屋」（現在の名称は「喫茶わいがや」）が開店。現在に至るまで、障害の有無にかかわらず若者がボランティアで運営する喫茶店として営業を続けている。

2　しょうがいしゃ青年教室の概要と特徴

現在、しょうがいしゃ青年教室は、国立市による市内在住・在勤の障害者向けの文化・学習活動として、スポーツ、クラフト、料理、喫茶実習、陶芸、リトミック、YYW（やりたいことを企画し、実行する講座）の7コースに分かれ、月に1回平日の夜や土日に行なわれている（活動の全体像は、図1参照）。運営は、公民館職員とボランティアスタッフ（以下、スタッフ）により担われ、障害のあるメンバー（以下、メンバー）とスタッフをあわせて、数十名の若者たちが活動に参加している。

このしょうがいしゃ青年教室は、メンバーにとって、特別支援学校卒業後の学びや仲間づくりの場になっている。しかしメンバーにとってだけではなく、活動を支えるスタッフにとっても、障害のあるメンバーとの関わりは、貴重な経験となっている。

まず多くのスタッフは、活動のなかで「多様な人の存在や価値観への気づき」を経験している。例えば、あるスタッフは、自分とは違う行動や考え方をする人と出会った経験を振り返り、「私からすると、間違った言動や理解できない発言も、当の本人からすると本人なりの理屈をもとに行なわれている。（略）自分自身の価値観をもとに、自分とは違う個性に対して非難や否定をする権利はだれにもないのだな、ということを強く感じました」と述べている。

また、スタッフがメンバーとの関わりのなかで感じていることで特徴的なことは、「『支えている』と

『支えられている』の両立や反転」である。例えば、大学の社会教育主事課程の実習をきっかけにかかわり始めたあるスタッフは、最初、「自分は実習生だし、『スタッフ』としての参加なのだから何かをしてあげなければならない」という意識がメンバーに対してあったという。このスタッフは、「でも現実は逆で、実習生として緊張して参加した私はメンバーに助けられてすらいたと思います」と振り返っている。そして、しょうがいしゃ青年教室の面白さを「今まで支えられていた人間が他人を支えるようになったり、支えている人間も時には他人に支えられていたりといったような立場の逆転が簡単に起きることです」と指摘する。

このように、しょうがいしゃ青年教室の活動は、障害のある人のための学習保障という枠組みを超え、参加する若者すべてにとって、自分自身を耕す豊かな「学び合い」の場になっている。

図1　コーヒーハウスの全体像

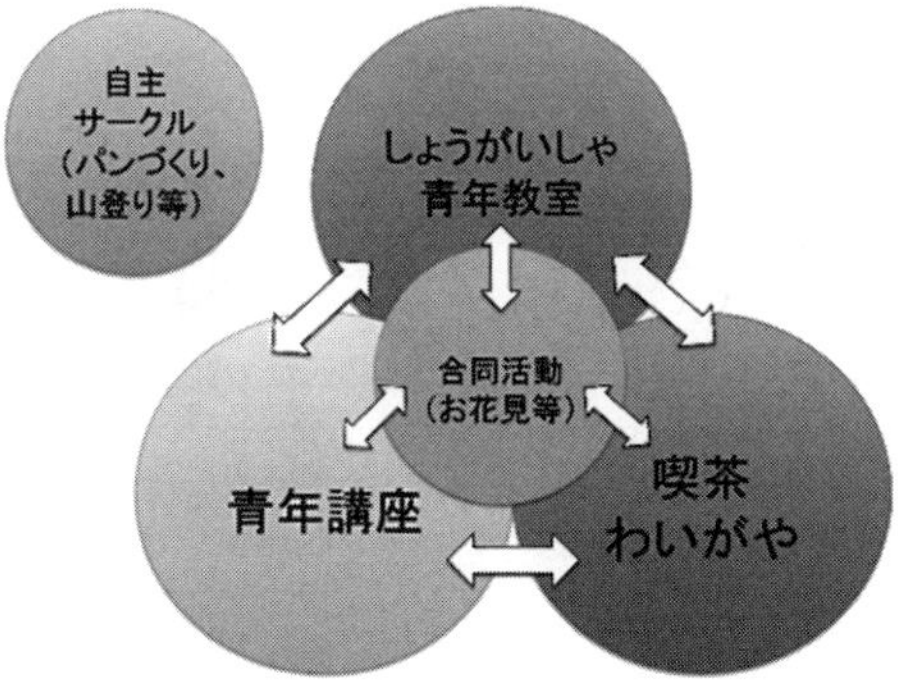

3　多様な若者の参加から見えてくるもの

このしょうがいしゃ青年教室をはじめとする活動に、近年では、「障害のあるメンバー／障害のないボランティアスタッフ」という枠組みを超えて、ひきこもりや不登校の経験、発達障害や精神疾患のある若者など、多様な若者の参加が見られるようになってきた。

図2　若者が置かれた状況のイメージ

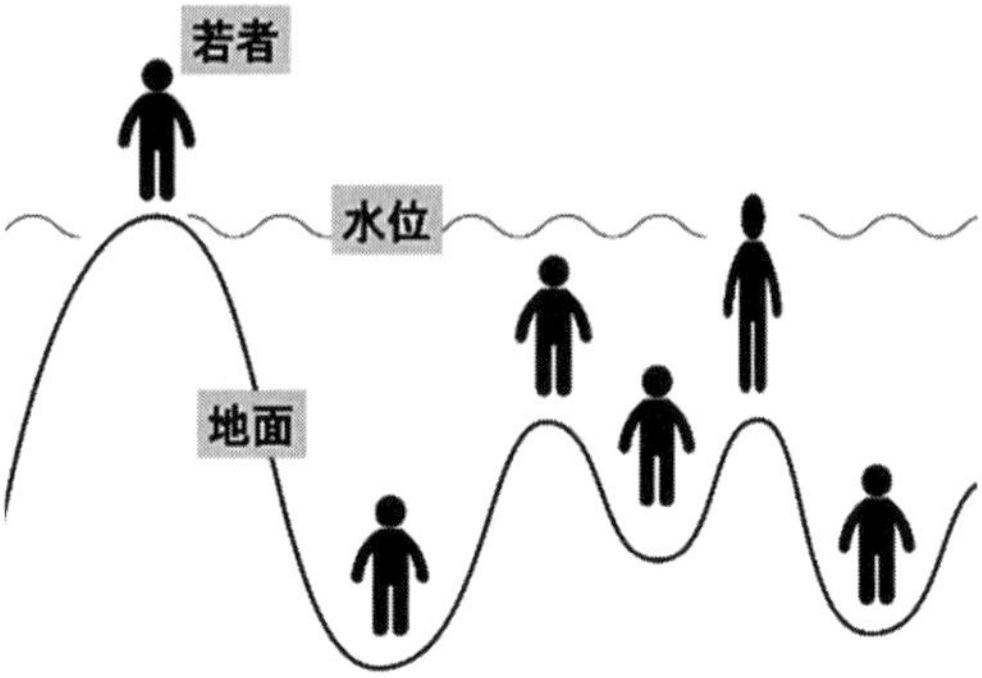

こうした若者たちもまた、活動やそれに伴う様々な人との関係性のなかで「支えている」と「支えられている」の両方を経験しながら、自分への自信を回復し、自己肯定感を育んでいっている。

近年、若者をめぐる「生きづらさ」や「自立の困難」などに関心が寄せられている。そうしたなか、しょうがいしゃ青年教室における多様な若者の参加から見えてくるのは、「障害のある若者」、「障害のない若者」、「生きづらさを抱える若者」といった、個人の性質や属性に還元された視点だけでは、若者がおかれた現状や社会のありようを理解できないということだ。このような観点を踏まえて、若者が置かれた状況を動的に表そうと試みたのが、図2である。[(2)]

これは、凸凹した川底に立つ若者をイメージした図である。〈若者〉は、個人の能力や特性により背の高さなどが異なり、背が高い若者は川から顔を出すことができている。凸凹した〈地面〉は、元々の家庭環境などにより左右される、現在の若者が置かれた社会的、経済的状態を表しており、同じくらいの背の高さの若者でも、地面が低ければ川底に沈んでしまう。また、〈若者〉の背の高さや〈地面〉の高低と違って容易に上下しうる〈水位〉は、多様な若者が生きていきやすい社会であるかどうかを表しており、水位が下がればより多くの若者が顔を出すことができる。

地続きの同じ地面の上に立っていても、水面から顔を出せるかどうかは、〈若者〉の背の高さだけではなく、〈地面〉や〈水位〉に左右される。このように若者の「生きづらさ」は、様々な要因の組み合わせにより生じており、それに対するアプローチもまた、様々なものが考えられる。それを表したのが図3である。

水面に顔を出すには、「若者の背を伸ばす／泳ぎを上達させる」（療育、医療、職業訓練、学校教育等）といった、若者個人の能力や特性に働きかける方法がまず思い浮かぶ。しかし、ほかにも「地面を底上げする」（各種の福祉サービス等）ことにより若者が置かれた社会的、経済的環境を改善させる方法もある。「水位を下げる」（運動、情報発信、報道等）ことにより、若者の状況についての理解を広め、だれもが生きやすい環境をつくっていくことも大事だろう。

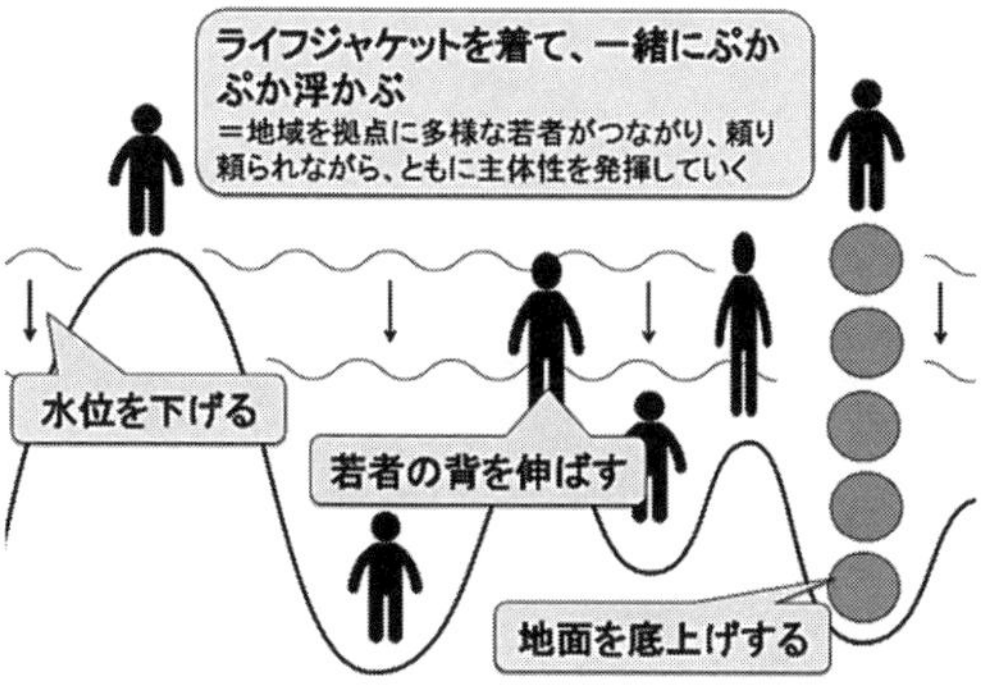

図3　若者の「生きづらさ」へのアプローチ

その一方、社会的な状況の改善に直接アプローチするわけではない支援もある。それがまさに、しょうがいしゃ青年教室のような社会教育分野における取り組みであり、図3ではそれを比喩的に表現している。しょうがいしゃ青年教室の活動は、福祉でも運動でもない曖昧さもあるが、若者同士がゆるやかにつながり、その関係性のなかで主体性を発揮することができるところに可能性があるといえよう。

ただし図2、3だけでは、障害のある若者の状況を表すには十分ではなく、すべての若者が地続きだと述べることで、障害のある若者を取り巻く固有の課題や保障されるべき権利が見落とされる懸念もある。この点については、今後の課題としたい。

4　地域の拠点とネットワークづくり

ここまで述べてきたように、国立市では、青年学級が勤労青年のための学級から障害者のための活動へと性格を変え、その後、多様な若者による実践という価値が再発見されてきた。こうしたなか、国立市公民館では、これまでの蓄積に加えて、さらに広範な若者たちと活動することを目指し、２０１３年度から文部科学省の「公民館等を中心とした社会教育活性化支援プログラム」を受託し、「自立に課題を抱える若者の社会参加支援事業」を展開してきた。国の事業終了後も、公民館単独では対応することができない状況に置かれた若者を地域で支援するため、市内外の機関とのネットワークづくりに取り組んでいる。このように国立市においては、公民館が「障害」の問題や若者が直面する問題をはじめとする様々な社会的な課題に向き合い、解決を目指してつながる地域の拠点となっている。

結びになるが、現代社会においては、表出の仕方は違えど、障害のある若者とない若者が直面する困難やマイノリティとマジョリティが感じる生きづらさが、ますます地続きになってきている。しかしそれにもかかわらず、他者への不寛容や差別は絶えないどころか、より一層激しくなっている。２０１６年に起きた「やまゆり園」殺傷事件は、そうした現状を象徴するような出来事であった。

こうした生きづらさや差別に満ちた現状と対峙し、すべての人の生が尊重されるために、どのような取り組みが必要なのだろうか。その答えのひとつは、やはり障害者青年学級などの「障害」をめぐる社会教育実践である。障害の有無にかかわらず参加する若者にとっての学び合いの場となり、多様な価値観を育む障害者青年学級などの活動は、今後もますます重要になっていくだろう。

（1）本稿では、一般的な名称としては「障害者青年学級」、国立市の実践を指すときには「しょうがいしゃ青年教室」と表記する。

（2）図2、3は、「環状島モデル」（宮地尚子『環状島＝トラウマの地政学』、みすず書房、2007年）から着想を得て作成した。

しまもと・ゆうこ＝東京都国立市公民館青年室・喫茶わいがやボランティアスタッフ

（『月刊社会教育』2018年9月号一部修正）

第4節

精神障害者のための「オープンスペース風の広場」10年の歩み

櫻井絹子

精神障害者は、いろいろなことに敏感で細かいことまで心配して気にするためストレスを受けやすく、日々変動する自分の体調に苦しみ、不安を抱えながら、薬や経験から身につけた対処法で調整して、それぞれがその日の過ごし方を工夫しながら暮らしています。また、人混みや人とのコミュニケーションをとることが苦手だったりするので、自宅に閉じこもって外出できない人も大勢いるのが現状です。

２０１６年、所沢市での精神障害者数は、おおよそ８０００人と推計され、８割強が地域生活をしているそうです。また自立支援医療費補助申請者４６４５人、精神障害者手帳保持者２４０４人（１級２０３人・２級１６４２人・３級５５９人）だそうです。就労訓練の場の「どんぐり」、「しのひ」、「ワークみどり」、「あるこ」などに通えるのは、そのうち、ほんの一部の回復者であり、毎週木曜日の所沢市保健センターのサロンや６か所の地域活動支援センターや４か所の病院・クリニックのデイケアに通えている人もまだまだ一部の利用状況でしかありません。その他にも、まだ病気を認めたくなくて医療や保健センターにつながっていない人たちもいると思われます。

1　地域にゆったり居場所があったらいいな

「風の広場」は、精神障害者の社会参加・地域生活の支援に取り組むボランティアグループです。週1回月曜日のサロン活動をしています。今年11年目に入りました。私が、オープンスペースでのサロン活動を始めたかったのには娘の状況があります。

私には、41歳になった「統合失調症」の娘がいます。保健所や病院のデイケアや作業所に通ったこともありますが、今一つフィットしませんでした。娘が通い続けられたのは、フリースペース「バクの会」でした。娘は、「ここは緊張もしないし、皆が優しく温かく迎え入れてくれ、いろんな人がいて楽しい雰囲気だから、ここなら来れそうだ！」と思って自分の居場所と決め、自分のペースで長年通い続けました。「バクの会」は、不登校児童のみならず障害者も含めだれでも受け入れてくれ、多いときには100人ほどの人が集まってとてもにぎやかでした。幻聴や幻覚に悩まされ、日々、波のある体調とつき合いながら暮らしている娘や同様の仲間にとっては、ここは活気がありすぎるので、もう少し静かでゆったりとした居場所が必要だと感じ、精神障害者のためのオープンスペースを作り、そこでサロンを始めようと思ったのです。

私は、娘が気に入った、この滝谷美砂保さんの所沢の「バクの会」の活動スタイルを主軸に「まだ働くこと以前の状態の人たちが、安心して集える、楽しさを増やせる出会いの場を創りたい」と考えました。そして、娘と一緒にあちこち出かけて「こんなふうな居場所があったらいいよねぇー！」と体感した場所や人々を思い浮かべながら、それらを「風の広場」のサロンに取り入れたいと努力してきました。たとえば、美味しいね！から始まり、優しく豊かな文化の創造と発信をする松浦幸子さんの「クッキングハウス」（調布市）、心温まり豊かなときを共有できる自宅開催の金子ジュン子さんの「紅茶の時間」（川越市）「うたいちと気持ちのブーケ」（川越市）、アパートの一宅で行なわれていた手作りの温かく家庭的な雰囲気の関口博子さんの「交流サロンみちくさ」（朝霞市）、美味しいランチとおもてなしの村上文江さんの「やまんばハウス」（八丈島）などがとくに魅力的で参考にさせていただきました。この人たちとは今も通信交流などを通して元気をもらっています。本当にこの素敵な出会いが、希望を創り出していってくれました。

2　ゆったり、のんびり、にっこりの「風の広場」

私たち母娘のこうした想いに共感してくれた5人の仲間たちと一緒に２００５年5月21日に準備会を立ち上げ、２００６年1月21日に発足総会をし、同年5月から「オープンスペース風の広場」のサロン活動を開始しました。

サロン活動を始めるにあたり、保健師さんが既存の施設にアンケートを取って集約してくださり、その結果、オープンスペースを希望される人がほとんど、開設日も希望の多かった月曜日と決め、内容は、話ができる、くつろげる、情報交換、食事ができる、季節行事、趣味活動、野外活動の要望に応えられるようにやっていこうと決めました。

また、サロンスタッフを申し出てくれた人たちに集まっていただき、市の精神保健福祉士に「精神障害とは」や「活動を共にするにあたっての留意点は」などを学ばせていただきました。その後も問題を抱えると保健センターに駆け込んでアドバイスを受けて解決しています。

「風の広場」は、「ゆったり・のんびり・にっこり」の出入り自由の居場所なので、どなたでもご自分の体調やペースにあわせて参加できます。CDを聞いたり、ゴロンと寝そべったり、政治や時事の話題を話したり、精神保健に関するDVDを見たり、将棋やオセロゲームや卓球をしたり、近所の散策や買い物に出かけたり、ときには、お招きゲストのお話を聴いたり、歌や絵を教えてもらったり、思い思いに過ごしています。保健師さんには、手打ちうどん作りや体操の指導や「心が喜ぶ健康づくり」などの講演もしていただきました。

現在、サロンは第1・3月曜10時～16時、社会福祉協議会（以下「社協」）の広い40畳の和室で、第2・4月曜の午前中は中央公民館の調理室でメンバーと相談して決めた献立に基づき昼食作りと会食、午後は社協の和室で過ごしています。公的施設を借用しての開催は、ボランティア登録で無料、両施設とも年間通して予約ができるように特別な計らいをしていただいて、おおいに助かっています。また、整った設備を利用でき、広いスペースを借用できるいい面もありますが、自前の施設だと常備できる荷物（受付簿・

調味料等の料理の材料カゴ・ラジカセ・冷茶等）を毎回、自宅（エレベーターなしの5階）から運搬しなければならなかったり、備品や製作物を常備できないという不便さがあります。年数回の第5月曜は、「お出かけサロン」ということで、ハイキングやジブリ美術館、プラネタリウムなどの見学や飯能市の「にこにこハウス」をはじめ障害者施設見学かたがたランチを楽しんでいます。

メンバーさんのサロンでの一番の楽しみは、皆とのおしゃべりと顔馴染みが増えていくことのようです。今後やってみたいことは、日帰り旅行、文化活動を取り入れて欲しいとの声もあがっています。

サロンに集う人たちといろいろなことを語り合い、何か新しいことにチャレンジしたり、施設見学など一緒に出かけて行動範囲を広げたり、病気や障害の対処の仕方などを経験から学び合ったりしながら、安心して信頼を寄せられる仲間づくりとコミュニケーションの学び合い、いろんな人との出会いに主眼をおいて取り組んできました。

そして、「共にいること」「共に歩むこと」「共に学ぶこと」ができる居場所の運営に努めてきました。最近、サロンスタッフ（ボランティア）が諸事情（親の介護や孫の世話や自身の健康状態等）で参加が減ってきて不安なときもありますが、常連メンバーたちが率先して手伝ってくれ、メンバーとスタッフが協働して運営することができるようになり、おおいに助かっています。

また、地域のなかで理解者が増え、サポートする人たちが増えたら、病気の不安、社会復帰の不安、人との関わりの不安が減り、きっと自信を回復し、生きる勇気が湧いてくると思うので、「精神障害」を理解していただけるようにと公民館をお借りして公開講演会の開催や通信の隔月発行（コラム・学習・みんなの広場等が売り）にも力を入れてきました。

障害があろうとなかろうとお互いに助け合い支え合って、だれもが安心して暮らしていける社会が求められていると思います。同じ境遇、同じ体験をした当事者同士が同じ目線で共感し合い、苦しみを分かち合い、支え合い、喜びを重ねて共に人生を歩んでいけたらいいなあ……と思っています。

3　これからは当事者のリカバリーを応援していきたい

今、所沢でもこの秋に当事者や家族が地域のなかで堂々と暮らしていくための支援がやっと開始されようとしています。当事者が自宅に閉じこもっている人でも、ＡＣＴ（アクト：包括型地域生活支援プログラム）を目指して、当面、保健センターを窓口にアウトリーチ事業（地域生活の継続に向け、きめ細やかな訪問や相談対応を行なう）が２０１５年10月1日から始まりました。訪問支援なども受けることができるようになっていくそうですので一人でも多くの人がだれかと、どこかとつながっていくことに期待しているところです。

今後、一人でも多くの人が家から街に出て、わかり合える仲間のいる居場所に立ち寄り、不安を共有し合って軽くしたり、自信を取り戻したり、少しでも心豊かに過ごしいただけたらと願い、「風の広場」がその役割の一端を担っていけたらと考えています。「風の広場」が、①精神障害者の心のよりどころとなる出会いの場 ②地域で互いに寄り添い支え合っていける場 ③交流と学習で精神障害への理解が深まっていく場にしていけるようにさらに努力していきたいと思っています。

アンチスティグマ（病気への偏見をなくすこと）は、うつ病の私自身を含め当事者が地域に出て市民と接していくなかでこそ、なくしていくことができるのだと思います。精神障害者は、凶暴でもなく不治の病でもなく、でも少し支援を必要とする人たちなのだと理解されることが大事だと思っています。当事者が黙っていないでもっと声を出していろいろ表現していかなければと思います。当事者が主になって草の根運動＝地域での支援者を増やしていくことが必要なのだとも思います。そのためには、当事者はもっと学んで意見を磨き、高め合って確信をもつこと、自分の置かれている状況を肯定的に受け止め、地域や社会に対する信頼への道を歩むことも大切だと思います。

当事者のリカバリー（個々人の恢復＝それぞれが希望をもって自分の思う生き方で回復していくこと、自ら決めるリカバリーゴールに向かって自らの可能性を信じて模索し、挑戦・努力・苦労を重ねながら歩んでいく力強い生き方）を応援していきたい。適切な支援があれば、障害があっても充分に地域での生活や仕事もできるはずですし、その人らしく希望をもって生きていけるはずだと確信しています。

微力ながら、夢をもって「風の広場」の活動をさらに充実・発展させて、社会参加、地域生活を支援していきたいと思っていますし、新しく参加される人が「ここなら来れそうだ！」と思ってくれる居場所にしていきたいと思っています。

さくらい・きぬこ＝ボランティアグループ「精神障害者のためのオープンスペース『風の広場』」代表、国立研究開発法人国立精神・神経医療研究センター病院家族会「むさしの会」会員

（『月刊社会教育』２０１６年５月号掲載）

第5節

今日もこの場所にあり続けること
――障害をもつ人が働く喫茶コーナーの30年

兼松忠雄・矢野善教

１９８１年「国際障害者年」の年に、東京都の西部にある国立市公民館の一角で、障害をもつ青年ともたない青年による喫茶コーナー「わいがや」が産声を上げて40年以上が経つ。この取り組みはその後、東京都の東久留米市バオバブ（１９８５年）、同保谷市ふれあい（１９８７年、現西東京市）など、障害者団体や市民のグループが公民館の中に喫茶コーナーを立ち上げていくきっかけとなった。そして40年という時が過ぎてみると、あたかもそれが当たり前であるかのように、全国に喫茶コーナーは広がり、今では全国で９５０か所以上にのぼっている。

障害者が働く喫茶コーナーという言葉は、筆者がそこで働く人やそれを応援する人たちとで１９８９年から「全国喫茶コーナー交流会」（以下、交流会と略す）を立ち上げて以降、当たり前のように使われる言葉となってきた。ここでは、そうした喫茶コーナーの広がりの背景とこれからの課題について述べていく。

1　喫茶コーナーとは何を指すか

まず、最初に喫茶コーナーについて、私たちは以下のように定義している。

①障害者が主体的に働き、②なおかつ、障害者も普通の客として気軽に出入りすることができ、③地域の人たちもまた、当たり前のように出入りする居場所であること、④障害者が働く店というだけの機能ではなく、障害と出会い、そのことを通じて、地域のことを考えるきっかけをつかむことのできる福祉—教育—労働を結ぶ「場」と位置づけている。そのうえで、「交流会」を続けていて感じることは、かつてとくらべ、「福祉ですから」「障害者だから」ということでは、もはや喫茶コーナーとしての運営が難しくなってきていることである。

先日も訪問した喫茶コーナーでお話を伺うなかで、「店として今何に一番気を付けなければならないか」と聞かれ、私は次のように答えた。

①作業所の延長ではお店を開けない。可能な限り地域の商店と歩調を合わせ、同じような時間に開店、閉店を行なうのが望ましい。

②街の喫茶と同じように、食べ物やコーヒーにこだわりを持ってほしい。例えば、低農薬の地元食材、フェアトレードのコーヒー、福祉事業所が取り組む優れた商品の販売など。

③いろいろな福祉現場からの販売品を無造作に展示しない。

④ スタッフ全員がホスピタリティを持って接客をしてほしい。

地域の喫茶店が消えていくなか、「福祉」を売り物にした喫茶だけが生き残ることはありえない。実際にデータで見ても、１９８６年には15万１０５１か所あった街の喫茶店は、２０１２年には7万４５４か所と、ほぼ半減しているのだ。[1] 街の喫茶店と同じように、喫茶コーナーが生き残ることがいかに大変かがこのデータからもわかる。

東京都調布市の喫茶「カフェ大好き」にて

2 「アビリンピック」から見えてきたもの

喫茶コーナーの広がりは、全国障害者技能競技大会（通称アビリンピック）熊本大会をきっかけとして、宮城大会から正式種目となった「接客サービス」を通じ、障害者が接客サービスの場で働くことをアピールすることにもつながっていった。

このアビリンピックは、独立行政法人高齢・障害・求職者雇用支援機構（以下、ＪＥＥＤと略す。開催当初は、社団法人障害者雇用促進協会）が１９７２年、「障害のある方々が、日ごろ培った技能を互いに競い合うことにより、その職業能力の向上を図るとともに、企業や社会一般の人々に障害のある方々に対する理解と認識を深めてもらい、その雇用の促進を図ることを目的」として、「全国障害者技能競技大会」（第1回大会）と銘打ってスタートしたものである。(2)

途中、１９７７年には「障害者の雇用の促進等に関する法律」の改正や組織改正に伴い、「全国身体障害者技能競技大会」（第6回大会）と名称を変更。さらに１９９７年（22回大会）には新たな法改正により知的障害者の雇用が義務化されたことで、知的障害者が参加できるようになり、名称も「全国障害者技能競技大会」と改められた。２００６年（29回大会）には、精神障害者も同じく法改正により障害者実雇用率の算定対象になったことに伴い大会参加が可能となった。

また大会は、主催団体であるＪＥＥＤの本部がある千葉県で続けられてきたが、２００２年（第26回）からは、熊本を手始めに全国各地を回るかたちで開催されるようになったという経緯がある。それゆえというか、知名度がいまいちで、地方の喫茶を訪れても、「それはなんのことですか？」といった顔をされることがまだ多い。

この傾向が変わりつつあるのは、先の法改正で障害者の法定雇用率が年々上がり、２０２１年3月以降、民間企業（従業員数４５・５人以上）では2.2％となってきたからでもある。１９７６年時、法定雇用率が1.5％だったものが、それ以降も上昇して障害者雇用が行政と民間企業に義務付けられてくるのである。(3)

ところで、このアビリンピックを通じて見えてきたことがいくつかあった。1つは実施回数が増えるにつれ、特別支援学校の生徒の参加が増えてきたことだ。これは、特別支援学校の授業科目に「接客サービス」が取り入れられたことによるものと思われる。東京都立青鳥特別支援学校が、実習の場所として地域住民が利用できる喫茶スペース「喫茶ブルーバード」を学校内に設けたのがその始まりであり、２０１９

年に私たちが行なった調査でも、全国の特別支援学校の約50か所で地域に開かれた喫茶スペースを設けていることが明らかとなった(4)。２つめには、熊本大会の参加者は10人であったが、２０１０年の第7回大会では大幅に増えて35都道府県から選手が参加していることだ。３つめには、年を追うごとにその技術が向上し、評価をする基準が難しくなっていることだ。最近ではテキスト(5)もつくられるなど、特別支援学校の熱心な取り組みもあって、出場する選手の技能差が小さくなってきているのを目にする。

3　学校の扉を開けて

以上のような特別支援学校での取り組みについて、実際に筆者が訪問した事例を紹介してみたい。

「ｃａｆｅひまわり」は、東京・多摩ニュータウンの高台にある東京都立南大沢学園の敷地の一画に位置している。喫茶というには立派な造りで、建設当初から喫茶を想定し、パンの製造なども行なっている。床は木で、明るく落ち着いた感じになっている。パンの製造工程ものぞくことができ、生徒たちの元気な「いらっしゃいませ」の声が響く。ワゴンで運ばれたサーバー、お湯、砂時計を使って、スタッフである生徒が一杯ずつお客の目の前でコーヒーを淹れるというライブ感を大事にしている。出来たてのパンを買うこともでき、なおかつ淹れたてのコーヒーを味わうことができる貴重な場所となっている。

次は、高知県にある「hocco sweets」というお店。高知大学教育学部附属特別支援学校内に位置し、高知大学・教育委員会・教育センター・療育福祉センター・保健師等がチームとなって２０１４年に開設したものである。注目は、ドイツ人のシェフ、つまりドイツ人のマイスターの指導という、本格的なものであるということ。「ドイツ菓子工房 hocco sweets」とわざわざ名前をつけるほど、ここでは美味しい焼き菓子やロールケーキなどをいただくことができ、特別支援学校の生徒が就労体験をしたり、卒業生の就職先となったりしているとのことである。

続いて、福岡県北九州中央高等学園にある「喫茶ハーモニー」。ここでは、作業学習の一環でもある「パン・接遇班」のなかで、喫茶が取り組まれている。オープンは火曜、金曜だが、残念ながら年間20日ほどとのこと。１００円から各種ケーキがメニューに並んでおり、コーヒーなど80円の飲み物を含めても破格の値段である。そのため、地域の人たちも気楽に立ち寄れる場所になっていて、パンや農作業班がつくった野菜、加工品を求めて市民が入れ替わりやってくる。広報は学校入口の掲示やＨＰだが、近くの女性グループもオープンの日には欠かさず声を掛けあって訪れ、声をそろえて「とても居心地がいい」と言っていたのが印象に残っている。とりわけ素晴らしかったのは、「あいさつの声かけを元気にする」というスローガンのもと、始業前の練習そのままの元気な声で実際の接客を行なっていたことであり、生徒の皆さんの接客に対する姿勢を感じることができた。

最後は、新潟県南魚沼市立総合支援学校にある「ＭＳＧカフェ」。２０１３年開設のこの喫茶は、「学校にカフェ」という形態ではなく、開設時当初から地域の中の学校、カフェを意識した教育活動が取り組まれてきた。定期的な図書館でのカフェ、福祉や雪まつり、県の出張所や消防署への出店、ほくほく線列車内でのカフェと、縦横無尽に地域の中で展開がされている「フットワークの軽いカフェ」とでもいうべきか。そのため、出張カフェの利用者は２０１８年度だけで、のべ３８６９人に達しているとのこと。その意味で、「共生社会の形成に向けた地域社会づくり」という支援学校のグランドデザインの中でも、カフェは大きな位置を占めているのである。また、県教育委員会が主催する「職業技能検定―喫茶サービス」にも積極的に参加するなど、接客マナーを通した生徒のコミュニケーション能力向上にも熱心に取り組んでいる。

4 コーヒーもお酒も
――海外の喫茶コーナーの事例から

以上のような喫茶やカフェについて、参考までに海外の事例を2つ紹介しておきたい。

ひとつ目は、ドイツにあるHotel Grenzfall。ヨーロッパでは、一般の労働市場では就労が難しい人々のための就労の場である「ソーシャルファーム」が発展してきており、このひとつが首都ベルリンにあるこのホテルである。ベルリンの壁の跡のすぐ近くにあり、壁の跡は公園のようになっているため、かつての歴史を学ぶことができる場所になっている。ここはホテルだけでなく、レストランやビストロも併設されており、従業員の大半が重度の障害をもつ人であるが、お客はそうとは知らずに利用しているとのことだ。Grenzfallは、breaking down borders（＝障壁を壊す）という言葉で、「障壁」には2つの意味が込められているそうだ。1つはベルリンの壁、もう1つは、障害のあるなしにかかわらない人々の「障壁」のない交流ということ、である。従業員同士、従業員とお客など、それぞれの交流を通して日々この理念が実践されていることが理解できる、と実際にホテルに宿泊した人は報告してくれている。(「全国喫茶コー

イタリアのカフェでは、お酒も提供
（ルッカ市・ペコラネラ）

ナー交流会」Facebookより）

このGrenzfallのようなホテルは、ヨーロッパ各地にあり、embrace hotels（エンブレイスホテル）という名前のネットワークをつくっているとのことである。

二つ目は、以前筆者が訪れたイタリア・ルッカ市の町中にある「pecora nera」と名付けられたカフェ＆パブ。運営主体である「Anffas Onlus」は、1958年に両親と家族によってローマで始まり、現在はイタリア全土で、両親と家族、知的障害と関係障害をもつ1万5000人以上の人々を代表している。店の名前は、日本語では「黒い羊」といい、利用者みんなで決めたとのこと。当然のことながら？コーヒーのほかワインなどお酒も出てくる。2人の障害当事者が笑顔で応対してくれたのだが、次に訪れる予定の場所もあったため、ワインを注文するには勇気が必要だった。

いずれの店にも共通しているのが、名称にはそれなりの理由と思いがあるということ。仕事ぶりも自然で、特にイタリアで訪問した障害者のサービスセンターでは、私といっしょに写真におさまるだけでなく、自分たちをもっと撮ってとみんながアピールしてきて、それをスタッフが止めないことに驚いたことが印象に残っている。

5　コロナ禍での喫茶コーナーをめぐって

――全国調査から見えてきたもの

2019年のはじめからの新型コロナウィルス感染拡大によって、全国の喫茶がどのような影響を受けているのかについて、私たち全国喫茶コーナー交流会が行なった「障害をもつ人が働く喫茶（カフェ）アンケート調査」を通して見えてきたことを述べたい。

この調査は、全国に約950か所あるといわれる喫茶（カフェ）から無作為に500か所余を選び、2020年9月から10月にかけて実施したものである。その結果、199か所から回答が得られ、そのうち有効回答数は195、有効回答率は40・2％であった。（1つの回答の中に2つの喫茶について書かれてある場合には、2回答とした）。以下、項目ごとの回答結果について紹介する。

働いている方々の主な障害については、知的障害と精神障害が最も多かったが、発達障害と回答した喫茶もあった。ただ、身体障害（聴覚障害）は2件のみで、身体障害者が働いているところは少ないと考えられる。運営する主体や団体は、社会福祉法人や医療法人が54％と最も多く、次いでNPO法人が34％など、約8割強がこうした法人であった。

コロナ禍での運営については、2020年9月から10月段階で91％が開店しているとのことであったが、それらの中でも、最初の緊急事態宣言が出された同年3月から6月までの1～2か月間は休業していたところが109件（61％）あり、特に感染が拡大していた東京都では、ほとんどの店が休業していた。

休業中の主な活動については、働いている人への「電話等での在宅支援」が最も多く、次いで「同法人や事業体等内での他の仕事」。また休業中の工賃や給料の支払いの有無については、「通常通り・ほぼ通常」が47％であり、これは、法人の場合が多く、同じ法人の他の部署で働いたことによるものであると考えられる。しかしそれ以外の団体では、支給対象外4件、ほとんど支給なし8件、減給16件など、厳しい状況がうかがえる。

なお、休業後に営業を再開した主な理由は、「感染がある程度収まったことと収益確保のため」が最も多かったが、「当事者の居場所や日中活動の保障」という障害の特性に配慮して「来店が少なくても店を閉めずに通常営業し、できるだけ日常を維持するよう心掛けた」というように、障害に対応しているとの回答も見られた。また営業時間については、37％が「変更した」と回答しており、コロナウィルスの影響を考慮せざるを得ない実情が伝わってくる。と同時に、テイクアウト販売は71％が行っているとのことから、収益を上げるための営業努力が見てとれる。

一方、行政からの補助金や援助の有無については、補助金の支給（申請中や予定を含む）と物的な支援をあわせて53件であったが、「不明」が132件と最も多く、また「受けていない」も10件などとなっており、補助金等の援助の課題が浮かび上がる結果となった。なお、補助金や援助の内容として、新型コロナウィルス感染症緊急包括支援交付金、障害者支援施設等感染防止対策支援事業補助金、雇用調整助成金、持続化給付金のほか、自治体独自の補助金や物品（マスクや諸毒液）や家賃補助なども あった。

さらに来客数の変化については、約8割のところが明らかに減少したと回答しており、ここにコロナウィルスの影響が端的にあらわれている。ただ、残り2割は変化なし、あるいは増加したとのことであり、その理由としてテイクアウト等の効果であったと推測される。

最後の自由記述においては、「ともに頑張っていきたい」というエールや「テイクアウト」「特別支援学校や市役所、事業所でのお弁当販売」「子ども食堂の寄付」「お客さんといっしょになって、メッセージを書いた折り紙で虹を作成し、スタッフとのつながりを確認できた」など、新たな活路を見出す方法や対策が紹介されていた。また入念な手洗いや消毒、嫌がるマスクのつけ方など感染防止のスキルの獲得のための対応策も書かれており、障害当事者が新しい環境に適応するために苦慮している様子がうかがえた。

本調査を通して、それぞれの喫茶コーナーが工夫をしながら感染防止の努力をしながら営業を継続している状況の一端を知ることができたように思う。こうした工夫や努力が今後の障害のある人たちが働く喫茶コーナーの新たな活路を見出すことができることにつながることを期待したい。

おわりに

「喫茶コーナー」は、障害をもつ人が輝く新たな場として脚光を浴びてきた。それに加えて、社会的なハンデイをもつ障害当事者が新しいコミュニテイづくりの中心に位置することができるという点で大きな可能性があるのではないかと思う。喫茶コーナーは、外に出ることの少なかった障害者の働く場・社会参加の機会となるだけでなく、地域の人々が障害者と出会うきっかけをつくり、なおかつ地域住民もコーヒーを提供されることで、またそこでいっしょに働くことで親しくなっていった。この「仕掛け」は、いろいろな青年や地域の人々の力を通じ、教育と福祉を結ぶ橋渡しを演じているといえる。

今なおコロナウィルスの感染が終息していないなかにあって、これまで述べてきた喫茶を取り巻く人々の例のように、地域との「出窓」である喫茶と人々との関係を紡ぎ出すことを通じ、新しいコミュニテイの創造が今まで以上に私たちには求められているのではないだろうか。

(1)「経済センサス—活動調査」総務省統計局。
(2)『第38回全国アビリンピック障害者ワークフェア2018報告書』、独立行政法人高齢・障害・求職者雇用支援機構。
(3) なお、この障害者雇用では、2018年に省庁や地方自治体等の公的機関において、障害者に該当しない者を障害者として雇用し、障害者雇用が3460人分水増しされていた問題が発覚している。
(4) 兼松忠雄他「カフェを地域に開く—特別支援学校における接客サービスの現状と課題」、『明治大学社会教育主事課程年報』No.29、2020年。
(5) たとえば、「特別支援学校作業マニュアル喫茶サービス基礎」、岐阜県教育委員会、2014年、「特別支援学校技能検定テキスト　喫茶サービス部門」、鹿児島県教育委員会、2017年など。

かねまつ・ただお＝明治大学兼任講師
やの・よしのり＝作新学院大学女子短期大学部幼児教育科専任講師

＊本稿は、5を矢野が、それ以外を兼松が担当した。

第5章

多様な学びの広がり

第1節

障がい青年のフリースクール見晴台学園・大学と生涯学習

田中良三

本論では、障害者生涯学習の伝統的形態としての障害者青年学級と、これまで生涯学習として考えられることのなかった高校および大学のフリースクール版ともいえる見晴台学園・見晴台学園大学との今後の障害者生涯学習支援における関係性を明らかにしたい。

1　見晴台学園・見晴台学園大学の歩みと実践

見晴台学園は、１９９０年4月、名古屋市内に学習障害（現在の発達障害）児のための「父母立5年制無認可高校」として開校した、いわゆるフリースクールの高校である。現在は、特定非営利活動法人学習障害児・者の教育と自立の保障をすすめる会が運営母体である。なお、本法人はその後、卒業後の障害者福祉事業である「自立支援センターるっく」を開設し、また2013年10月、フリースクールの見晴台学園大学を創設した。現在、この3つの事業体は、法人研修として当事者、教職員、保護者等がともに学びあう「生涯学習セミナー」を開催している。

2　見晴台学園

31年前、名古屋市で見晴台学園が開設されたころ、地域では〝15の春を泣かせない〟をスローガンに高校全入運動の真只中であった。健常児と障害児の谷間の子といわれたLD（学習障害）児の大きな悩みの一つは、高校進学であった。LD親の会「かたつむり」では、LD児を受け入れてくれる県内の高校探しに奔走したものの、当時わが国では、「学習障害」という概念は未成立であり、また学校経営上からも理解を得ることは困難であった。その中で、この子たちが安心して学ぶことのできる高校を自分たちの手で創ろうということになった。地域の大学の研究者や医師などに呼びかけ、「学習障害児の高校教育を求める会」が組織され、見晴台学園を開設した。私は、その時から12年間にわたって「ボランティア学園長」を務めた。義務教育も受けられないでいる障害の重い子どもたちの不就学をなくす教育権保障運動に関わっていたものの、LD児の存在に気づくなかで、制度保障とともに学校教育の中身の大切さを痛感した。

以降、見晴台学園では「学校に子どもを合わせるのではなく、子どもにあった学校づくり」を基本的理念とし、保護者をはじめ地域の関係者の参加による協働事業として取り組んだ。見晴台学園のカリキュラムは、「言語と数量」「社会と自然」「芸術と文化」「技術と人間」「運動文化とからだ」の5領域で、午前90分授業が1つ、午後90分授業が1つの、ゆっくりじっくりを基本としている。

子どもだけでなく、教職員も保護者もともに学び、育ちあうことを大切に、開校間もない8月に北海道で開催された全国障害者問題研究会全国集会に、教員と父母はレポートを持って参加した。それ以来、生徒の参加も含め、この29年間今日に至るまで、毎年1回も欠かすことなく参加・発表してきている。またその都度、生徒・保護者・教職員による実践報告会を開催したり、全国ＬＤ実践研究集会（過去10回）を開くなど、地域、全国に向けて発信してきた。

見晴台学園の実践は、テレビや新聞などマスコミ報道で全国に知られるようになり、その後の発達障害者支援法や特別支援教育制度の成立に影響を与えた。さらに見晴台学園の5年間をかけてゆっくりじっくり学ぶ後期中等教育延長の取り組みは、２００４年、全国専攻科（特別ニーズ教育）研究会の発足につながった。２０１９年の第16回全国大会（奈良）では約４００人が参加し、そのうちの半数は障害をもつ青年たちである。今や障害者の青年期教育全国集会となっている。

3　見晴台学園大学

見晴台学園専攻科を修了した生徒たちから、まだ仕事に就く自信がない、もっと学びたいという要望が出され、大学を拓くことになった。私は、学園での青年期教育実践や当時勤めていた大学で、「LD青年のための大学教育入門」（年間8～15回実施）と題して10年間にわたってオープンカレッジを開催し、また科学研究費の助成金などを得て、知的障害者対象にオープンカレッジに取り組んでいる全国の国公私立大学の訪問調査を行なった。その中で私は、条件さえ整えれば、知的・発達障害者の大学教育は可能であると確信するようになっていた。

開校式・第1回入学式で、学長の私は次のように3つの理念を宣言した。

①国民の大学教育を受ける権利の保障——憲法第26条の拡充と普遍化

憲法第26条は「すべて国民は、（中略）その能力に応じて、ひとしく教育を受ける権利を有する」と述べています。ここでは、「能力に応じて」をどうとらえるかが大きな課題でした。

わが国の民主的・科学的な国民教育運動は、これを「発達の必要に応じて」というように無差別平等の原則に立ってとらえ、国民の権利としての教育を打ち立ててきました。それから約40年を経て、この教育における正義の原則が見晴台学園大学の開校をもって、大学教育として初めて実現を目指すことになります。新たな大学＝インクルーシブな大学づくり、大学教育元年の幕開けです。

②発達障がい学生が学び甲斐のある学習支援の探求

いま、大学では発達障がいの学生の支援が大きな課題になっています。しかし対症療法ではたして彼らは本当に救われるでしょうか。大学そのものが変わらなければならないのではないでしょうか。

③「学びたい」と願うすべての人に開かれた大学教育の創造

経済的不平等と能力主義に立つわが国の大学教育の改革を図り、学びたい人が自由に学べる無償制開放を原則とする質の高い大学教育を追求します。

無認可ではあるが、知的・発達障害者の大学への受け入れと大学教育の保障を目指す見晴台学園大学は、２００６年に国連で採択された「障害者権利条約」の第24条（教育）「障害者を包容するあらゆる段階の教育制度及び生涯学習を確保する」ことを目的に、わが国で初めてこの課題に挑戦していくことになった。

見晴台学園大学第１期生の卒業式
（2015年9月26日）

4 生涯学習セミナー

２０１７年度の第1回の法人理事会で、「学校を卒業して社会人になっても学べる機会を」と生涯学習セミナーの開催が提案された。これまでも、当事者はじめ教職員や保護者がともに学ぶ機会をもってきたが、本人がより主体的に参加する「当事者による当事者のための生涯学習セミナー」に取り組むことになった。

①第1回（２０１７年1月17日）

第１部「青年の思い・ねがい」柿沼健太さん（学園卒業生）・浅野佐知映さん（学園大学卒業生）

第2部　講座「モンゴルの恐竜」講師：柴正博さん（東海大学自然史博物館学芸員）

②第2回（3月7日）

第1部　名古屋港水族館見学&レクチャー「ウミガメの涙」

第2部　「親のねがい」金子美保さん（学園大学学生の親）・仲宗根郁子さん（るっくコーポレーション社員の親）

第3部　講座「裏側から見た動物園」講師：茶谷公一さん（東山動物園副園長）

2年目に入り、「セミナー」のイメージが持てたところで、当事者も含む総勢14名で実行委員会が発足。中学生から社会人まで10代から70代まで、当事者から教職員・関係者までと幅の広いメンバーで構成されている。

2018年度は「公益財団法人 キリン福祉財団」から助成金を受け、「学び」・「スポーツ」・「文化・芸術」の3本柱をテーマに取り組んだ。

③第3回（2018年9月26日）

つゆはしスポーツセンターにて「カローリング大会」（21チーム参加）

④第4回（12月3日）

INAX ライブミュージアム（常滑市）にて、「見学・体験ツアー」光るどろだんごづくり・タオル絵付け体験・モザイクアート体験

⑤第5回（2019年1月19日、名古屋市港湾会館にて）

第1部　「職員の思い・ねがい」学園の教員2名、るっくの職員2名

第2部　講座「みんなで川柳」講師：荒川八洲雄さん（中日川柳会会長）

セミナー参加者は、毎回、当事者、保護者、教職員の総勢80名前後である。参加者には、その都度「感想&アンケート」を書いてもらっている。多くの人が自分の言葉でたくさんの思いを書いてくれる。また、どの講演でも時間が足りないぐらいたくさんの質問や感想が寄せられる。70代女性は毎回手をあげて活き活きと質問をする。研修が苦手でいつも寝てしまうタイプの10代女性は、「今日は面白かった。私、動物好きだから今回は寝なかったよ」と嬉しそうに話してくれた。後日、彼女は友だちを誘って東山動物園に行って来たそうである。

カローリング大会では、30代男性は「第2回目はあるのか？　来年もやりたい」と職員に聞いてきたり、勝ち取ったメダルを誇らしげに自分のロッカーの前に飾る20代男性もいた。

このようなセミナー参加者の姿から、私たちは、学校卒業後も何歳になっても学ぶことは楽しいことであり、学ぶ機会やきっかけがあれば、だれもが「生涯学び続ける」主体になれるのだと確信を強めている。

5　文科省・障害者生涯学習支援政策の特徴

国による初めての障害者生涯学習支援の政策化

文部科学省は、「障害者権利条約」の批准や「障害者差別解消法」の施行等を踏まえ、障害者の生涯を通じた多様な学習活動を支援するため、２０１８年度から生涯学習政策局（２０１８年10月から総合教育政策局）に「障害者学習支援推進室」を新設した。そして文部科学大臣から「特別支援教育の生涯学習化に向けて」（2017年4月7日付）と題するメッセージが発出され、同日付で地方公共団体等への協力依頼の通知が出された。

それを受け2018年度からは、新規に「学校卒業後における障害者の学びの支援に関する実践研究事業」（予算額1億600万円）を開始した。「学校卒業後の障害者が社会で自立して生きるために必要となる力を維持・開発・伸長し、共生社会の実現に向けた取組を推進することが急務。このため、学校卒業後の障害者について、学校から社会への移行期や人生の各ステージにおける効果的な学習に係る具体的な学習プログラムや実施体制等に関する実証的な研究開発を行い、成果を全国に普及する」という趣旨である。そのために、「(1) 障害者の多様な学習活動を総合的に支援するための実践研究」「(2) 生涯学習を通じた共生社会の実現に関する調査研究」「(3) 人材育成のための研修会・フォーラムの開催等」に取り組む。この事業の中心である(1)では、「学校卒業後の障害者が社会で自立して生きるために必要となる力を生涯にわたり維持・開発・伸長するため、(ア) 学校から社会への移行期 (イ) 生涯の各ライフステージにおける効果的な学習に係る具体的な学習プログラムや実施体制、地域の生涯学習、教育、スポーツ、文化、福祉、労働等の関係機関・団体等との連携の在り方に関する研究を実施」（委託事業先は18か所）」、「上記においては、特別支援教育や障害者福祉等の専門的知見を有するコーディネーター・指導者の配置やボランティアの活用方策に関する研究も実施」する。そしてこの政策を推進するための有識者会議が開かれ、2019年3月に『報告書』としてまとめられた。

この政策では、障がい者の生涯学習支援を「学校から社会への移行期」と「生涯の各ライフステージ」

の2つに大別し、特に前者は、新たに学校からの継続として障がい者の生涯学習を位置づけたものであり、近年の実践状況を踏まえた画期的な提起といえる。

国の政策化に先立って

文部科学省による障害者生涯学習支援の政策化着手に先立つ２０１６年12月23日、「全国障がい者生涯学習支援研究会」が設立された。その設立の趣旨と経緯は次のようである。

「障がい児は、今日、希望すれば誰もが特別支援学校の高等部まで行けるようになりましたが、学校卒業後は、一般就労しても職場で友だちもなく、地域でも一人ぼっちで過ごしていることが少なくありません。このような姿を見かね、かつての担任教師などが、障がい者青年学級などを開き、当事者を励ますとともに、その生涯にわたる学びの大切さを訴えてきました。しかし、それは必ずしも、関係者の大きな声や要求とまではなってきませんでした。ここにあらためて、『障害者権利条約』に学び、これまで全国のあちこちで長年にわたって多様に取り組まれてきた貴重な実践的努力を障がい者の権利としての生涯学習として捉え直し、今後さらに広げていきたいという願いのもとに、『障がい者が学び続けるということ〜生涯学習を権利として〜』（田中良三・藤井克徳・藤本文朗編著、新日本出版社、２０１６年3月）を出版しました。執筆者からは、これを機会に、ぜひ研究会をつくろうという声が沸き、２０１６年4月17日に名古屋で『出版記念の集い』を持ちました。21名の参加者はそれぞれが熱い思いを語り合い、絆を強め、これから広くみなさんに呼びかけて取り組んでいこうと、『全国障がい者生涯学習支援研究会』（仮称）準備会を発足させました。多くのみなさんに、ぜひ会員となっていただき、お互いに励まし合って取り組んでいきましょう。」

本会では、障害者の生涯学習を、地域青年学級、障がい者施設、公民館、スポーツ・文化、オープンカレッジ、障がい児、専攻科・大学づくりの7分野で捉えている（会則第3条）。本研究会は、これまでに3回、全国研究集会を開催し、研究誌『障がい者生涯学習支援研究』を発行している（2019年3月に3号発行）。

先にも触れたが、文科省政策の障害者生涯学習支援概念の最も大きな特徴は、「学校から社会への移行期」に着目したことである。これは、全国専攻科（特別ニーズ教育）研究会が取り組んでいる「福祉（事業）型専攻科」実践を念頭に置いたものである。「福祉（事業）型専攻科」とは、後期中等教育の年限延長としての高等部本科3年間にプラス専攻科2年の設置を目標とする運動の中で、学校の代替措置として障害者総合支援法における自立訓練事業や就労移行支援事業、生活介護事業を活用する取り組みである。文科省の障害者生涯学習支援政策では、「福祉（事業）型専攻科」は学校ではなく、また福祉でもなく、新たな生涯学習支援の取り組みとして位置づけられた。専攻科設置を目指す実践形態の一つである「福祉（事業）型専攻科」は、学校の代わりとしてではない生涯学習の主役として新たな光が当てられた。ここではまた、全国の専攻科づくり実践を牽引してきた見晴台学園と見晴台学園大学にも陽が当てられ、これまでの制度外の学校としてのフリースクールというアウトサイダーから、障害者生涯学習の「学校から社会への移行期」の取り組みとして評価され位置づけられた。

そして見晴台学園と見晴台学園大学は、2018年度から文科省が開始した「学校卒業後における障害者の学びの支援に関する実践研究事業」の委託を3年間にわたって受けた。

おわりに

障害者生涯学習の象徴ともいえる障害者青年学級と学校教育の代替としてのフリースクールである見晴台学園・見晴台学園大学は、文科省の新たな政策化のもとで、いずれも障害者の生涯学習支援の場として捉えられることになった。この両者は、障害者生涯学習の分野・領域として歴史性も実施主体も活動内容も異なるものの、次のような共通点が見られる。

〈共通点〉

①主に障害青年を対象とする青年期教育である。

② 共に学びあう仲間がいる。

③ 当事者が主体となって学び活動に取り組む。

一方、次のような〈相違点〉もある。

① 学ぶ期間の違い

② 学習内容の違い

③ 支援者の違い

障害者生涯学習支援政策では、障害者青年学級は主に「生涯の各ライフステージの支援」に、見晴台学園・大学は主に「学校から社会への移行期の支援」に位置づくが、今後は、相互に他方の支援に関わる取り組みにどう継続・発展させていくのかということが問われている。

たなか・りょうぞう＝見晴台学園大学学長、愛知みずほ短期大学特任教授、愛知県立大学名誉教授、全国障がい者生涯学習支援研究会会長

（『月刊社会教育』2019年4月号一部修正）

第2節　みらいつくり大学校

松井翔惟

1　みらいつくり大学校とは

稲生会は、北海道札幌市の北西、手稲区に事務所を構える医療法人である。稲生会は、生涯医療クリニック「さっぽろ」、訪問看護ステーション「くまさんの手」、居宅介護事業所「イリバ」、医療型特定短期入所事業所「どんぐりの森」、相談室「あんど」の5事業からなる。「困難を抱える人々とともに、よりよき社会をつくる」を理念として、人工呼吸器などの医療的ケアを必要とする障害児・者に対して包括的な在宅ケアを提供している。理念からわかるように、医療法人という形態をとりながら、その範囲を医療に限定して捉えてはいない。２０１８年度より始まった「みらいつくり大学校」はその活動の一環である。

みらいつくり大学校は、ある医療的ケア児の母親の「卒業した後も学びを続けられる仕組みとして、息子のような障害者が通える大学をつくりたい」という想いから始まった。全くの偶然ではあるが、同じ時期に文部科学省より「学校卒業後における障害者の学びの支援に関する実践研究事業」が公募された。そこで稲生会として応募をし、幸いにして採択される運びとなった。採択団体の中では唯一の医療法人ということもあり、初年度の対象者については「主として医療的ケアを必要とする重度の身体障害者」ということにした。

2　２０１８年度の活動

初年度は、月に2回程度、全13回の開催をした。参加者は、受講生（障害当事者）として毎回8名前後、傍聴者と職員を合わせると25名前後であった。内容は年間を通して「地域共生社会論」として、毎回外部講師によるテーマに沿った講義とディスカッションの時間を設けた。受講生は振り返りのレポートを提出した。以下にレポートの一部を紹介する。

「当事者としてだけでなく、女性として、人として、自分自身が納得する人生を歩んでいこうと思った。」（第2回「当事者運動の歴史」）

2018年度忘年会にて

「はじめは、『理解してくれない人（介助者）は来なくていい』とイライラしてしまう気持ちをいっぱいいってしまっていた。気が合わない介助者は来てもらわなくてもいいと思って生活していた。しかし、それでは結局、僕が困るのだと気づいた。僕たちの生活は、介助される側は『介助していただいている』という気持ちと、逆に介助する側は『関わらせてもらっている』という気持ちがなければ成立しないのではないかなと思う。僕は、『仕方ないだろ』と思う反面、『申し訳ない』とつねに思ってはいるが、まだその気持ちをうまくコントロールできない。今僕は、介助者と良い関係を築けていると思っている。この関係を続けていけるためにも『介助していただいている』という気持ちは肝に命じて生活していきたいと思った。」（第6回「ここに、こうしているわたし」）

「私は小学校から通っていない。テレビとかでしか見たことがなかったけれど、『ああ、こういうのが大学の授業なんだな』というのが、なんとなく浮かんできた。自分の経験を通して自分の生活が、自分の世界が、だんだんステップアップしていくというのはこういうことなのかなと話を聞いていて思った。いろいろな経験をしていったことによって、もう一段レベルが上がっていくという今日の講義の内容。自分のいろんな経験をして、いろんなことを少しずつ考えられるようになっていて、次を考えられるということが、そういうことなのかなと思う。」（第9回「成人の学習とは何か」）

最後に抜粋した振り返りを書いた参加者は、「就学免除」だったので自分は『小学校から通っていない』と述べた。私たちは、初年度最後の学習成果発表会で、この方が嬉しそうに修了証書を受け取る姿を見た。私たちは、障害を理由に学ぶ機会を得られない人がいること、障害者の生涯学習の場づくりが必要であることを再確認した。

3　2019年度の活動

初年度の課題として、私たちが目指す「大学相当の生涯学習の場」に対して「研究」の要素が欠けていることがあげられた。そこで2019年度には研究活動を中心に据えることとした。初年度の修了生はみらいつくり大学校のリサーチフェローとなり、初年度に運営をしていた当法人の職員はリサーチアシスタントとなった。

まずはじめに、フェローとアシスタントは、生活の中で見つけた自分たちの興味関心をリストアップした。「札幌市の『ベストオブ多目的トイレ』を見つけたい」、「障害者は障害者割引をどう思って使っているのか」など、あげられた興味関心は90に及んだ。現在は、似た関心をもつ人たちがチームをつくり共同研究を行なっている。取り組まれている研究テーマは、「障害者の娯楽について」、「いのちについて―自死と生きがいの側面から」、「ウェアラブルカメラを用いた『リアル当事者目線』の研究」、「不安の当事者研究」である。

また、12月には、リサーチフェローの一人が声をあげて「みらいつくり大学校の振り返りと展望について」をテーマに、みらいつくり大学校のあり方を議論する時間を設けた。議論の中心的な内容は、講義が中心であった1年目と研究が中心である2年目との比較であった。年度途中で体調を崩して入院し、研究を中断せざるを得なかったフェローの一人は、「やりたい気持ちとできない現実がありました」と葛藤を語った。また「ここ（みらいつくり大学校）を通していろいろな世界とつながっていける場所になればいいと思います。また、今後も新しい人が参加しやすい環境をつくっていくことも大事なことと思っています。障害当事者や、福祉に興味がある人だけではなく、福祉に縁がなかった人たちも集まって、刺激を受けられる場にしていきたいです」と話した。

講義があることのメリットは、初めて来る人にとって参加がしやすかったり、参加をする目的が明確になったりすることである。一方、研究活動によるメリットは、参加者同士の関係が深まったり、自らの主体性が感じられたりといったことである。他に、日程調整や場所の選定など運営面についてもより良い方法があるのではと話題になった。今後も皆で来年度以降の活動について考えていきたい。

２０１９年度からは、重症心身障害者と「ともに学ぶ」プロジェクトを開始した。私たちはこのプロジェクトについて、みらいつくり大学校の創設時から企画をしていた。しかし、重症心身障害者の「主体性」をどのように考えるべきかという課題や重症心身障害者が一方的に研究の対象となってしまうのではないかという心配があったため、なかなか開始できずにいた。しかし、ある障害当事者から「失敗を恐れず、まずはやってみましょう」と声をかけられ、背中を押されるかたちでプロジェクトを始動する運びとなった。

初対面のMさん（重症心身障害者）と会う前、私は「言葉が通じないのにどうやって共同研究をするのだろうか」、「ただ支援をする場になってしまわないだろうか」と考えていた。はじめに数人で集まって輪になった。自然と互いに自己紹介をする。ある参加者が「私の趣味は、ピアノを弾くことです」という。ある参加者が、「だれにもいっていないんだけど、実は私、最近空手をはじめました」という。みんなは驚いた反応をしつつ、Mさんを見つめる。Mさんは、はっきりとはわからないが、興味がありそうな反応をした（ように私には感じられた）。私は「興味があるんだろうな」と思って嬉しくなった。

Mさんは言葉で「私も興味があります」とはいわない。私たちも「Mさんは興味があるんだね」とはいわない。しかしなんとなく輪の中には、「興味があるんだろうな」、「みんな『興味がある』と思っただろうな」という空気が流れた。皆がその空気を感じて笑いが起きる。私はもっと嬉しい気持ちになった。私とMさんが一緒にいると、私がMさんに「今日は楽しかったです」などと一方的に話しかけることとなる。もちろんMさんは、「私も今日は楽しかったです」とはいわない。

私は笑っているようなMさんの雰囲気を感じて、Mさんが楽しんでくれたような気がした。しかし少し時間が経つと、私の心には「本当にMさんは楽しんでいたのだろうか」と不安が浮かんでくる。おそらくMさんも、他の人が楽しかったかどうかを感じ考えながら、安心したり、不安になったりしているのだろう。そして私たちは、なんとなく次回の予定を決めようとする。現在、プロジェクトのメンバーみんなで、札幌の街中にある「地下歩行空間」に出かけてみようと計画を進めているところである。

4　「ともに学ぶ」プロジェクトについて

「ともに学ぶ」プロジェクトがもつ、今日的な意義はなんだろうか。ブラジルの教育学者であり、哲学者であるパウロ・フレイレは、学習者と教師、自己と世界といった二分法の上に成り立つ二元論的学習を「銀行型教育」として批判し、問題解決型学習を提起した。(1) 宮崎隆志は、二元論的学習論が引き起こす一連の問題を指摘した。(2) 学習における身体性、すなわち自然存在としての側面が捨象されることはその一部である。「ともに学ぶ」プロジェクトにおいて、共同体内で起こる非言語の協働を無視することはできない。必然的に精神の次元を越えて身体的次元の学びが明らかにされるだろう。「ともに学ぶ」プロジェクトは、二元論的学習を超克した学習する共同体の実践として可能性をもつ。

5　「ともに学ぶ」について

障害の有無に関わらず、ともに学ぶことの意義は何だろうか。ある青年は、みらいつくり大学校での学びをきっかけに、稲生会で非常勤職員として働き始めた。私は先日、その車いすに乗る青年の求めに応じた介助中に、自ら押す車いすのタイヤで自分の足を踏んでしまった。青年は激痛に耐える私を見て「大丈夫ですか」と声をかけた。私と青年はその時のことを振り返り、介助の求めをした当事者である青年が「すみません」というべきだったのか、それとも介助者である筆者の一方的な不注意だったのか、そんな話をした。どちらかの個人に帰することはできないというのが私たちの結論である。

私たちは自分たちの介助について考えると、一方が完全な主体となり、一方が完全な客体となることは無いとわかってきた。私たちが経験したこの学びは、どちらかの個人のものとはいえない。私たちは、ともにあることによって得る学びの楽しさを感じている。障害者は、ただ学びの機会を提供される客体ではない。人は、障害の有無に関わらず、ともに生活の主体となるからである。みらいつくり大学校は、ともにあることによって未来を創る、学習する共同体を目指している。

（1）パウロ・フレイレ著、三砂ちづる訳『被抑圧者の教育学』、亜紀書房、２０１８年。

（2）宮崎隆志「現代学習論と宮原社会教育論」、『社会教育研究』第32号、北海道大学大学院教育学研究院社会教育研究室、２０１４年。

まつい・かい＝医療法人稲生会、学びのディレクター

（『月刊社会教育』２０２０年4月号掲載）

第3節

障がいのある青年たちと私の間にあった学び

――神戸大学インクルーシヴ社会支援プログラムでの経験

辻合　悠

1　「よる・あーち」の風景

「よる・あーち」は週末の金曜日の四時から、神戸にある灘区民ホールの三階で開催されます。入口を抜けると、駆け回る子どもたちと出会い、机に座るお母さんや青年たちの存在を感じます。かばんを置くために奥に進むと、今日もパソコンの前で製作活動を楽しむ二人、ホワイトボードの前で学生と何かを伝えあう青年、フロアマットの上におもちゃを広げた子どもたちがいます。少し経つと、ピアノの連弾が始まったり、珈琲のいい香りがします。そんなリズムと匂いの中で、そっとだれかの側にいられるのが「よる・あーち」です。

しばらくすると、学習支援を希望する子と学生や大人がペアになり、一緒に勉強します。長机に紙とペン、足を崩して向き合います。ゆっくり時間を過ごす中で、その子らしさをつかむ瞬間があります。たくさん話をしてくれる子もいれば、寡黙に取り組む青年もいます。

側にいることから始まり、各々の形で進んでいく学習支援を終えると、お腹が減ってきました。受付で食券を受け取り、子ども食堂へ。婦人会の方々が作ってくださる温かい食事をいただきます。テーブルの席に座るとおしゃべりが始まり、一緒に食べる時間を過ごします。

お腹も心も満たされた後、自分の好きなことやその日にしたいことを見つけに出かけます。子どもたちや青年に声をかけられ、学生も一緒に遊びをつくっていきます。楽しそうな雰囲気に身を置いたり、落ち着いた空間に身を置くこともあります。どこにいてもいい、だれといてもいい場所が「よる・あーち」です。

さて、一日も終わりに近づいてきました。スピーカーから流れる音楽に合わせて、ダンスを披露する青年や子どもたち、手を引かれ一緒に踊る学生。カラオケが始まり、マイクを通した歌声に、観客の手拍子や楽器の音。駆け回る子どもたちの笑い声。にぎやかな時間を過ごして、そろそろお時間です。

片付けを終えて、青年たちは「ゆーす・あーち」の部屋に集い、一日の振り返りなどを語り合います。学生も立ち合い、夏合宿などのイベントの計画を一緒に考えたりもします。その後、ボランティアだけで振り返りをしています。学習支援の内容や、気になったことの共有です。夜も9時近く、電気を消し、鍵を閉めて、エレベータを降りると、青年のみんなが待っていてくれています。そして暗がりの中を笑い合

「よる・あーち」パンフレットより

いながら、一緒に帰るのでした。

2　インクルーシヴな社会に向けた実践として

私が主観的に紹介した「よる・あーち」の実践について、客観的に紹介しなおします。「よる・あーち」は、「のびやかスペースあーち」という神戸大学大学院人間発達環境学研究科ヒューマン・コミュニティ創成研究センターが運営するサテライト施設のプログラムの一つです。障がい、年齢、国籍、性別、職業などに関わりなく、さまざまな人たちが自由に出入りし、相互に関わりあい、学び合う場として毎週金曜日の午後に開かれています。特に障がいのある子どもたちが、さまざまな人たちとの関わりの中で楽しい遊びを展開できるように、という目標を掲げていています。

「よる・あーち」は、「インクルーシヴな社会に向けた実践」と表現されています。インクルーシヴという言葉に対しては、「包摂する」というイメージを持ってほしいです。現代の社会は、誰かを排除して成り立っているという前提があります。「インクルーシヴな社会に向けた実践」には、これまでの社会の在り方を反省して、排除されてきた人たちが、社会の中にちゃんとした居場所をもち、参加できるようにという願いが込められています。私自身、大学院への進学をきっかけに「よる・あーち」と出会ったのですが、「障がいのある人」との関わりに不安を感じていたことを覚えています。それは、「障害／健常」という線引きある社会に生きる中で、排除されてきた人たちと関わることへの怯えでもありました。

3　「障害」に対する「私」の怯え

目の前の「障がいのある人」にどう応じることができるのだろうか。資格のある人や専門家が適切に関わることができ、今まで関わってこなかった「私」は関われるのだろうか。自分の関わりが、相手を傷つけてしまわないか。そのように考えていたことを思い出します。そんな不安を抱えつつ、初めて「よる・あーち」に行ったときのことを今も鮮明に覚えています。

今も詳しい障がい名を知らない彼は、車いすに乗る青年です。ヘルパーさんと一緒に「よる・あーち」にやってきます。「ゆーす・あーち」という部屋で、大森さん（仮名）という高齢のお婆さんと彼が二人で学習支援をしている空間に、私も同席しました。タブレットでゆっくりと文字を打つ練習をする彼は、最近メールを楽しみ始めたということを聞きました。大森さんは、一週間に一度の学習支援の時間にむけて教材をつくっているそうで、その日は、お金の計算を手作りのコインで優しく教えていました。その空間の二人のやり取りは自然で、自分はただ側にいただけでした。

日が暮れる前に「よる・あーち」を出ていく大森さんに、彼との日常について尋ねたとき、「この子といるのが、私の生き甲斐の一つなの」と、優しい表情で伝えてくれたことを覚えています。二人が「よる・あーち」で過ごす時間には、「障がいのある人」に何かしないといけないという一方的な関係ではなく、目の前の「その人」の存在と時間をともにする喜びや楽しさに満ちた関係性があるのだと感じました。きっと、大森さんの中にかけがえのない彼の存在があって、彼の中にも大森さんという存在があるのだろうと思います。そして私自身も二人の関係性の中に溶け込んでいくうちに、大森さんから伝わる「彼の存在」を共有していたのでした。

4　私の「怯え」は何からか

小さなころの私にとって、「障害」という言葉は「曖昧」なものだった。しかし大人になるにつれ、社会的につくられた「健常／障害」という線引きが濃くなると、「私」は「私」として場に現れることができなくなっていった。「障害」という言葉の前に、「私」は「支援者」として立ち現れる。「私」は大人の「まなざし」の中で「いい子」を振る舞うことを強いられ、ときに自らの働きかけによって、取り返しのつかない受苦を与えてしまう「加害可能性」に満ちた存在であることに怯えていた。これが現時点での「怯え」に対する私の整理である。

「よる・あーち」に初めて訪れたとき、「支援者でいなければ」という身構えと漠然とした「怯え」を私は持っていた。常に「よい人」になれと視線がいう。そんな視線を感じ続けてきたことが、私自身を「支援者」に変化させ、「私」は「支援者（でありたくなくとも）」として関係を始めざるを得なかった。

しかし「よる・あーち」に身を置く中で、その身体に染みついた「関係の歪み」が、他者に意味づけされやすい彼らが「いること」、「その人が生きる」ことの価値を乏しいものとすることに気づくとともに、「私」として場に立ち現れ合うことによって、普遍的な脆弱性を相互に補い合う「愛」に満ちた関係性があることを教えてくれた。

5　場に流れる歓待の文化

「障害」という言葉が存在する場において、「支援」という言葉は自ずと生じてくる。しかし支援の現場においても、「関係の歪み」を恒常的に意識し、自らの立場性を問いながら葛藤を続ける支援者もいる。その葛藤を生むのは、言論や表現が保障されている空間、そして彼らの「現れ」を妨げない歓待の文化にあるのではないかと思う。

先に私が回顧したエピソードにみる大森さんは、「支援者」と呼べるものだろう。しかし私が二人のやり取りを「自然」と記述したのは、おそらく「学習支援がスムーズでなく、想いに応え過ぎようとしていない」ところにあったのではないかと思う。お互いの存在に心を傾け、その「生」に対して歓待する文化が場に流れているのである。

言論や表現が保障されている空間、場に流れる歓待の文化の中での「まなざし」は、現れる「私」と現れる「私」という関係に基づく。そこでは、「あなた」をわかった気にならず、「あなた」をどうにかしようとしない。でも「私」と同じ「私（あなた）」だから心配もするし、「私」と違う「私（あなた）」だから尊敬もする。そして一緒に時間を紡ぐ関係の中で、「私」に価値があることに気づかせてくれる。

つまり、歓待は決して一方的に「障害者」だけを包摂するものでない。むしろ場において、彼らのほうが「私」を歓待してくれる。「ありのままの私の存在」に目を向け、嬉々《きき》として関わってくれる彼らの存在がある。加えて、「よる・あーち」で自分が「怯え」を乗り越えた一つに、「別の自分（いい子・支援者）」にならない（なれない）学生ボランティアの姿がある。彼女らも私と似た葛藤の中に生き、「関係の歪み」からひと皮むけた存在なのだろうか。

私は、神戸大学インクルーシヴ社会支援プログラムの中で、多くの経験と学びを得てきた。また「よる・あーち」に加え、神戸大学では2019年度から、知的障がい者に大学教育を開く「学ぶ楽しみ発見プログラム」（通称ＫＵＰＩ）が開設されている。知的な隔たりの中でともに学ぶこと、その営みにおいて「教育」や「学習」の本質が浮き上がってくるように思う。

インクルーシヴな社会に向けた実践、障害をめぐる社会教育・生涯学習の動きが、今後も彩りと活気を帯びながら展開していくことを期待しています。

〈参考文献〉
・津田英二『物語としての発達／文化を介した教育―発達障がいの社会モデルのための教育学序説』、生活書院、2012年。

・井上太一、猪原颯希、辻合悠、津田英二「非対称的関係の学習論：障害者の教育実践が提起する学びの形」、『神戸大学大学院人間発達環境学研究科研究紀要』第14巻第2号、2021年。

つじあい・ひさし＝元神戸大学大学院生、現大阪府八尾市役所職員

（『月刊社会教育』2020年10月号一部修正）

第４節

「なまか」の活動を通して実践する生涯の学び

松下喜美代

特定非営利活動法人「障害者の豊かな青年期を考える会」（愛称：なまか）の活動を紹介します。会は現在20歳から34歳の知的障害をもつ青年とその母親10組20名が中心になり、和歌山で青年学級的な活動を自分たちでしています。青年の内訳は、一般就労３名、就労継続支援A型４名、同B型２名、自立訓練事業所１名で、専攻科を修了または在籍しています。

1　設立趣旨

自由に学び、仲間と楽しく集い、失敗を繰り返しながら、それぞれの自己実現に向かう青年時代は、かけがえのない大切な時間です。しかし障害者には、それが必ずしも保障されているとはいえません。とりわけ知的障害者には支援学校を卒業したあとの学びの場がなく、もっと学びたいという願いを実現するために、専攻科設置を呼び掛ける運動を続けてきました。

また、人とのかかわりが苦手なために、社会に出てから孤立してしまうケースも多く、普通の青年たちのように仲間で出かけたり、食事をしたり、ときにはお酒を飲んで盛り上がったりというような機会はほとんどありません。

ハンディをもつ青年たちがあたりまえの青年時代を過ごし、生き生きとした生活が送れるように、障害者本人と家族、支援者がいっしょになって障害者の豊かな青年期について考え、学ぶ場の保障、余暇活動、就労、自立に向けての様々な支援を行なっていくために「障害者の豊かな青年期を考える会」を立ち上げ、この活動がより広く社会に認知され、公共性のあるものにしていきたいと思い、特定非営利活動法人（NPO法人）の申請をすることにしました。

2　活動の原点「専攻科」

息子の隆志は、療育手帳B1中程度の知的障害をもつ現在33歳の青年です。通園施設で療育を受け、地元小学校からきのかわ支援学校中学部に進学しました。

彼が高等部になると電車での自主通学が始まり、主体的に学校生活を楽しめるようになりました。そん

全国専攻科（特別ニーズ教育）研究会

な様子を見て、「あと3年で卒業して社会に出すには早すぎる」と思いました。「障害があるからこそ、もっとゆっくりと学校生活を過ごさせてやりたい。友だちとのかかわりを通して、高校生が普通に大学や専門学校に進学するように支援学校高等部卒業生にも教育を受ける機会があればいいのに」と思いました。

そんなときに「専攻科」というものがあることを知り、三重県四日市市にある養護学校聖母の家学園の専攻科公開授業と青年期教育研究集会に3組の親子と保護者計10名で和歌山から参加しました。2001年6月のことです。これをきっかけに、和歌山の支援学校に専攻科を設置してほしいと願う母親たちで「和歌山・専攻科を考える会」を設立し、活動を始めました。教育要求県民集会で専攻科設置の要求を提出。講演会の開催のほか、親子参加のリクリエーションや施設見学などを企画し、楽しみながらつながりを広げてきました。毎月の保護者の交流会は現在もずっと継続して行なっています。

残念ながら和歌山での公立の専攻科設置が望めないなかで、会の青年たちは聖母の家学園と大阪府堺市のやしま学園の専攻科に進学することになりました。

3　ＮＰＯ法人の設立

２００６年春から青年たちは専攻科を修了し、それぞれが自立をめざし新しい一歩を踏み出しました。そんな状況のなかで、以後も専攻科設置にむけて運動をしていくとともに、豊かな青年期全体を視野に入れた活動の必要性を感じるようになり、ＮＰＯ法人格を取得し、様々な活動支援を行なう基盤を整えることにしました。

２００６年秋から準備を始めて、２００７年5月に特定非営利活動法人「障害者の豊かな青年期を考える会」を設立しました。愛称の「なまか」は、設立総会時に青年たちと意見を出し合い話し合って決めました。これは当時のテレビドラマ西遊記で、孫悟空役の香取慎吾さんが「俺たち仲間」を「なまか」と言い間違えたことに由来しています。

4　活動の内容

①全国専攻科（特別ニーズ教育）研究会の全国大会参加

親は分科会の司会や話題提供を担当、青年は分科会や青年の集いに参加して発表などを行ないます。会場設営などもお手伝いしています。今年は12月に奈良大会が開催されます。私たちは全専研立ち上げのきっかけとなった専攻科実践交流会からずっと継続16年間毎年参加しています。

②なまかツアー

毎年ＬＣＣやバスをチャーターしてツアーを企画。今年六月には一泊二日で四国の徳島・香川に行きました。事前に青年向け説明会を開き、パワーポイントを使って訪問先の事前学習や旅程の確認をしました。回を重ねるにつれ、くじ引きで決める部屋割りや、部屋ごとでの行動にも慣れてきました。夜の宿舎でのビンゴゲームやバス車中でのなぞなぞクイズは親も青年といっしょになって楽しみます。

③プロ野球、大相撲観戦

④青年講座　クッキング、防災、消費者生活、健康と食事についてなど、行政が実施している出前講座を利用しています。

⑤青年企画の初詣（伊勢神宮、伏見稲荷、神戸三社詣、和歌山三社詣）、飲み会、工場見学。後日の月例会でわが子から聞いた内容を総合すると概要がわかります。無事に帰宅できれば全て良し。

⑥母親の月例会は、２００１年からずっと継続して行なっていて、顔を合わせて語り合うこと、また継続していくことの大切さを感じています。

5　感想集づくり

全国専攻科研究大会となまかツアーについては、毎回感想集をつくっています。青年たちも、それぞれが自分のスマホから感想を私のパソコンに送ってくれます。親の感想もまとめてレイアウトし、カットに写真も入れるとＡ４用紙10枚ほどになります。

〈青年の感想〉

・戒壇院めぐりであゆみちゃんは怖いとかわいそうだと思ったので助けてあげました。かず君は今年初参加で最高でした。

・大塚美術館、あまりよくわからなかったけど広かった。隆志君といっしょに絵を見ました。楽しかったです。かず君もリフトに乗ってくれてうれしかったです。

・バスの中で歌った六甲おろしは正直勝って歌いたかったです。でもみんなが歌ってほしいと言ってくれたので歌いました（タイガースファンの彼は、車中でもラジオで試合視聴。経過を刻々と報告）。

・お土産コーナーで職場とグループホームのお土産を買いました。ぼくはどれを買おうか悩んでいたので、（同じ職場の）やっ君と相談して職場のお土産を買うことができました。そして坊ちゃん団子の試食もおいしかったので、グループホームの人たちに買いました。

・当日は、朝早く集合するのは大変ですが、楽しみはここからです！　大きな美術館だったので全部行けませんでしたが、ぼくが好みの作品名は「ひまわり」でした。

〈お母さんの感想（なまかツアー初参加）〉

息子がホテルの部屋のオートロックで中に入れなかったときも、親の私は出ていかず、温かく他のお母さんたちに助けてもらったことは「なまか」だからできたことのように思います。私が息子を美術館や寺院に連れて行っても、息子は面白くなく早く帰りたいばかりでこちらもだんだん腹が立ってくるのがいつものパターンですが、やはり仲間の力は作用するものですね。連れてこられたではなく参加している姿勢が表れていました。

〈ツアーに途中合流の全専研会員の方から〉

途中からちょっとお邪魔する私たちですが、いつもするりと仲間に加えてくださる「なまか」の皆様に感謝です。娘は、もうなまかの一員のように安心して過ごしています。意外に、緊張したり、集団の雰囲気に敏感なこの子が、ここまでのびのびと過ごせるなまかのすごさを今回も実感しました。

〈なまかの活動を応援してくれる方から〉

生涯学習の一環、まさに！ですね。お母さんたちのわが子の成長と同じぐらい、他の子の成長も喜んでいる姿が本当にステキです。回を重ねるごとに、お母さんたちの「余裕」も感じられます。

6　つながりをひろげて

２０１８年８月から文科省の「学校卒業後における障害者の学びの支援に関する実践研究事業」を社会福祉法人一麦会の「ゆめ・やりたいこと実現センター」が受託しました。その連携協議会に当事者代表として息子の隆志が参加しています。また同センターと「なまか」の共同企画で「青年講座」（バランスの取れた食事・新聞紙とごみ袋で作る防災グッズ・ゆる体操）を開催しました。

〈隆志が活動報告集に書いた感想〉

ぼくは会の連携協議会委員です。会議のときに参加して「なまか」の活動について話したり、自分のやりたいことを言ったりします。水曜日の「夕刻のたまり場」に行きます。仕事がおわってから粉河駅で電車をおりて行きます。みんなで話をしたり、食事をつくって食べます。たのしいです。「なまか」の友だちも来てるので野球や旅行の話をします。最近の講座でよかったのは、二胡と和歌山城の話です。音楽が好きなのでそばで二胡の演奏を聞いたり、二胡にさわらせてもらってよかったです。和歌山城はむかしに大奥があったそうです。聞いてびっくりしました。マジックは見るのは楽しかったけど、やるのはむずかしかったです。水曜日に他にやりたいことがあるときは「夕刻のたまり場」に行きません。一人で岩出まで電車で行ってミレニアシティやコンビニに行きます。両方できるので満足です。

7　人間の器つくりと生涯の学び

5月、ゆめ・やりたいこと実現センターの「活動報告トークリレー」になまかの青年と保護者9名が参加。青年たちはセンターの講座で習った手品を披露したり、それぞれがマイクを持って自分の言葉で感想を述べました。

「夕刻のたまり場」には、なまかの青年以外にも、専攻科の学びを経験した人が多く来ていますが、楽しみ方を知っていて、フットワークが軽いように感じます。

なまかの青年は、なまかの活動だけでなく、スペシャルオリンピックスや各自の趣味など、余暇を楽しむ場を多く持っています。18歳から2～4年間、専攻科での学びを体験することで人格形成や人間関係を豊かにし、生活を楽しむ力をつけてきたように思います。

彼らの姿を見て、障害児の子育てを支えていただいた上杉文代先生の言葉が心に沁みます。「社会的自立を支えるものは単に職業の技術だけではない。生活を豊かにする人間の器をつくることである。」

まつした・きみよ＝ＮＰＯ法人障害者の豊かな青年期を考える会理事長

（『月刊社会教育』２０１９年12月号掲載）

第5節

楽しく学ぶってそういうことか

――「Ｍｏｒｅ　Ｔ・ｉｍｅねりま」と「ｉ‐ＬＤＫ」の実践

永田三枝子

1　「Ｍｏｒｅ　Ｔ・ｉｍｅねりま」って？

高校や特別支援学校高等部を卒業した知的障がいがある青年の進路が、就労に特化されていることに疑問と課題を感じた保護者と退職教員で、２０１７年に立ち上げた「ＮＰＯ法人障がい児・者の学びを保障する会（学びの会）」です。1年間のワークショップなどの準備期間を経て、２０１９年4月に自立訓練（生活訓練）の制度を利用した学びの場「Ｍｏｒｅ　Ｔ・ｉｍｅねりま（モアねり）」を開所しました。これは「福祉型専攻科」、「学びの作業所」などと呼ばれて全国に広がりつつありますが、地域によって設置数や知名度の差が大きく、なかでも東京は設置数が極端に少なかったり、都の教育委員会が一般就労を各校の数値目標にして力を入れていたりするせいもあって、まだまだ卒後の進路の選択肢になっていないのが実情です。

開所前は「学びの機会延長」を目指していたので、対象は高校卒業後の青年しか考えていませんでした。しかし2018年度のワークショップなどを通して集まった希望者は、一度就労したものの人間関係などでうまくいかなくなって離職した人、卒業後に就労移行事業所などに通ったけれど合わなくて行き場がなくなった人、引きこもりに近い状態になった人など、かなり多岐にわたっていました。共通していたのは、「自分はダメだ」、「何をやってもうまくいかない」と傷ついて自信をなくしていたことと、長年働いてきて「ちょっと一休みしたい」、「自分はこれでいいと思いたい」、「自分を見つめ直したい」、「本当にあった仕事をみつけたい」という思いです。結局開所時は、18歳から41歳までの年齢も生い立ちも課題も幅の広い8名でスタートしました（2021年4月は16名）。

2　開所当初の混乱期

そんなメンバー（以下、学生と表記）ですから、スタート当初は自分をどう表現するか、相手をどう受け止めるかという関係性を構築する過程でのトラブルが絶えませんでした。激しい言葉だけでなく、手が出たり、キレて帰ってしまったり……。あとで振り返ると、学生たちが抱えてきたそれぞれのつらさが透けて見えるようでした。これまで狭い世界の中で生きてきて、成功体験の少なさから自信を無くし、そのことからくる不安や余裕のなさが根底にあることも、痛いほど伝わってきました。

学生たちの思いを受け止め、個別に丁寧に対応しながらも、集団として質が高くて楽しいプログラムを共有することや、自分や仲間を見つめ直し表現するプログラムを意図的に取り入れることなど、できるだけ自分たちで話し合って決める場面を粘り強く設定していきました。一番大切にしたのは、徹底的に学生たちの思いを聞き取ったことです。途中入学を含めて9名となった7月。気がつくと「あれっ？ 今週は穏やかだったね」、「○ちゃんと△ちゃんが一緒に笑ってるよ」、「つっこみを聞き流せるようになったね」という発見が増えていきました。

大きな転機は、8月の宿泊学習でした。この行事を境に安定して通所できる学生が増え、関係も大きく変化していきました。「私はこれが得意。出番がある」と自他ともに認め合えるようになり、余裕が出てくると、「□さんはこういう言い方をする人」、「いろんな考えがあるから話し合いは面白い」、「こう言った方がうまく伝わる」、「ありのままでいいんだよね」と多様性を受け止められるようになっていきました。まだまだ課題はありますが、モアねりが安心・安全な居場所になり、「まんざらでもない自分」に出会えていると感じるようになってきました。1年近く経ったころ「最近、本当の自分になってきた気がする……」とつぶやいた学生がいました。

モアねりの新しいパンフレットから

3　プログラムの内容

以下の表は、1年が過ぎてから整理した実践です。プログラムの概要は、立ち上げ前にスタッフが論議して決めたものですが、具体的なプログラム例は学生たちと話し合ったり、学生たちの課題から考えたりして実践していったものです。

授業は3名の常勤スタッフや5名の非常勤スタッフ（全員が元教員か教員免許がある）が担当するほか、できるだけプロの講師にお願いをしました。

4　モアねりの特徴

特徴はたくさんあり過ぎて語りつくせません。まず、何を言ってもいい、ありのままの自分を表現しようというベースがあります。普段から授業中も自由に発言をしていますし、前に出て発表をするのも大好きです。コロナの影響で在宅を選んだ学生のために、4月から毎日オンライン配信をしていますが、週に1回、「モアトーーーク」と題した近況報告を行なっています。最初は、口頭で自分の近況を話すだけだったのですが、徐々に自分らしさをどう出していくかという工夫を凝らすようになりました。日常生活

プログラム	学生とともにつくった19年度のプログラムの例
生きる Life	・性教育　・ぼくのニセモノをつくるには　・おしゃれ講座　・からだっていいな　・多様性ってなに？
暮らす Live	・調理計画・調理学習　・選挙にいくってそういうことか　・宿泊学習　・銭湯ツアー・グループホーム見学・体験
働　く　Work	・仕事ってなに？　・体験を語る　・将来の夢を語る　・職場見学・体験
文化・教養 Culture	・ニュース・日本文学講座　・美術　・音楽　・ものつくり　・英語　・韓国語　・ダンス＆ストレッチ　・パラスポーツ
遊ぶ・自主活動 Enjoy	・オープニングセレモニー　・レクリエーション　・ミニ運動会　・地域活動（外出）　・忘年会・成人を祝う会　・まとめの会
交流・対話 Interact	・高松マルシェ（春・秋）　・教育委員会研修会（講師として）　・福祉型専攻科交流会　・ユニバーサルデザイン教室　・大田区研修会（講師として）・はちみつ会（ボラ体験）
相談 Talk	・ミーティング　・個別の時間（学生・保護者）　・保護者会　・カンファレンス　・他機関との連携

の中で心ひかれたことを写真や動画に撮って発表をしたり、連続写真に吹き出しをつけてミニ物語を作ったり、クイズをしたり、ダンスをしたりと、毎回がちょっとした研究発表のような場になっています。また、自分の得意なことや成功体験だけでなく、ちょっと苦手なことや面目ないことにも向き合えるようになってきたことも大きい変化です。

次は、「教える側・教わる側」、「支援する側・される側」、

性教育「自分史」を発表しているところ

「障がい者・健常者」という垣根を取り外してきたことです。それはモアねり内ではもちろん、様々なイベントや研修会や地域交流に参加する中で育んできました。今の社会の中では、「共生」と銘打った取り組みでも、ともすれば「〜してもらう側」という立場に固定されがちな青年たちです。それでは対等な関係性は生まれにくいし、自分の可能性も広がっていかない。自分たちが主催する側になって地域のイベントを作っていく、教員研修会で講師として学校に対する要求を伝える、自分の得意なことで講座を持つ、ボランティアとして福島保養の会に参加するなど、時として自由に立場を入れ替えることで、学びがぐっと広がって鮮やかな色がついていったように思います。新しい自分に出会った誇らしさと、誰かのために考えたり行動をしたりすることが喜びになってきています。

そして最後は「i - LDK」があることです。

5　生涯学習の場「i - LDK」って?

「学びの会」はモアねりのほか、もう一つの取り組みを行なっています。卒業後から一生涯にわたって誰でも参加できる居場所「i - LDK（inclusive-Learning Diversity with Kitchen）」です。青年学級に近いイメージですが、まだ事業として認定されていませんので、予算の裏づけはまったくありませんが、実行委員を中心に企画・運営をして、のびのびと活動を広げています。仕事が終わった平日の夕方や土・日、ただのんびり集まるだけから始まって、自分の得意を生かした「部活」をしたり、様々な地域のイベントに参加したり主催したり、大学生とディスカッションしたり……とにかく当事者が主体となって多彩な学びを創り出しています。もちろん、モアねりの学生たちも参加していて、モアねり卒業後もずっとかかわっていけるのも安心できるところです。「ここはほっとできる家族のようなところ」と青年が語っています。

6　課題について

開所して1年半がたったばかりなので、成果もありますが、課題もたくさんあります。一番は卒業後の進路です。制度的には（通えるのは）2〜3年なので、その後をどうするかは学生たちにとっても大きな悩みです。地域の他事業所とのネットワーク作りにも取り組んでいますので、就労移行や作業所につなぐのも進路選択の1つですが、並行して「学びの会」でしかできない「学びも継続できるB型作業所」を立ち上げる検討もしています。

まとめにかえて

1年間の実践を通して、学生たちの「つぶやき」や「語り」を受け止めるたびに、社会人になるために本当に必要な学びが、学校教育の中で保障されているのだろうかという課題が見えてきました。「誤学習」「未学習」が放置されたまま、社会に出たあとの「学び直し」「学び足し」をどんな形で保障していけばいいのか、権利としての「学びの機会均等」という視点で「学びの期間延長」と「生涯学習」を、様々な場で実践的に論議できたらと願っています。

1年たってから、「あなたはどんなところが変わったと思いますか?」という質問に対しては、「困ったことがあったらすぐに相談できるようになった」、「仕事している時はつらかった。モアねりに来て笑顔が増えた」「毎日通えて仲間に会えておしゃべりができていやされる」、「自分のやったことをみんなに伝えられる。そこが楽しい」、「モアタイムに来て前向きになった」、「遊ぶことがいっぱい増えた」、「仲間を大事にしたいと思えるようになった」などが出ました。

ながた・みえこ＝元東京都公立小学校特別支援学級教諭。その後社会福祉法人青年学級講師を経て、現ＮＰＯ法人「学びの会」理事・「モアねり」所長

（『月刊社会教育』２０２０年12月号一部修正）

19年度の行事

【４月】オープニングセレモニー・地域探検
【５月】地域探検
【６月】オープンキャンパス（OC）
【７月】高松マルシェ・福祉型専攻科交流会・OC
【８月】練馬区教育委員会研修会（講師活動）・ユニバーサルデザイン教室・宿泊学習・OC
【９月】科学実験教室・高松宵宮祭・早稲田大学稲門祭（ボランティア活動）・OC
【10月】大田区研修会（講師活動）
【11月】福島保養（ボランティア活動）・日大芸術学部大学祭参加・OC
【12月】高松マルシェ・ミニクリスマス会・忘年会
【１月】初詣・成人式・選挙ワークショップ
【２月】つながるフェスタ・文科省報告会・性教育セミナー（レポーターとボランティア活動）
【３月】まとめの-----会

第6章

排除されてきた人たちをめぐる生涯学習支援

津田英二

1　インクルーシヴな生涯学習

生涯学習は、学びを介して生き生きと生きること、よりよい社会の構成員になることに深く関わる。生涯学習の営みから排除されるということは、よく生きるための機会を逸失するということでもある。

２００６年に国連総会で採択され、２０１７年に日本政府も批准した障害者権利条約には、第24条で「障害者を包容するあらゆる段階の教育制度及び生涯学習を確保する」（日本政府公定訳）とある。この条文にある「包容」はインクルージョンの訳語である。近年、教育をはじめとするさまざまな領域でよく使用されるようになってきたインクルージョンという語は、排除を意味するエクスクルージョンの対義語である。つまり障害者権利条約は、生涯学習の機会に排除されてきた人たちを歓待し、迎え入れることを要求しているのだと理解できる。

言語、行動、生活様式、外見、病気、障害、貧困、セクシュアリティ、ジェンダー、地理的条件など、排除はさまざまな契機によって引き起こされる。インクルージョン概念は、排除の原因を排除されている人たちの問題として処理するのではなく、社会と個人との相互作用の問題と捉えようとする。例えば外国人排除の場合、排除される人たちに原因があると捉えるならば、外国人に日本語の習得や行動や生活様式の適応を求めることになる。しかし、社会と個人との相互作用に原因があると捉えるならば、外国人に適応を求めるだけでなく、社会の側も変化していかなければならない。インクルージョン概念は、日本語を理解できなくても不利益を被らない社会、行動や生活様式の多様性を許容する社会をめざすという方向性を示唆しているのである。

生涯学習の領域でインクルージョンの概念が求めるのは、例えば次のようなことである。視覚障害者が講座を受講しようとしているときに、〝「特別な配慮」を必要とする受講者は困ります〟という態度を示すのではなく、彼らの意味ある学習につながるように、拡大した資料や点字資料などによる情報保障を準備するといったことである。この場合、情報保障によって学習をどの程度まで保障することができるかということが、排除の解消（インクルージョンの度合い）を測るものさしになる。情報保障以外にもさまざまな合理的配慮の形がある。それらによって生涯学習機会から排除される人を少なくする努力の積み重ねが、学習機会提供に関わる人たちに強く求められる時代になっている。

2　対話に基づく合理的配慮

合理的配慮とは、社会参加したり活動したりしようとする個人に対して、他の人たちと同じ権利を享受できるようにするために行なう便宜のことをいう。

生涯学習における合理的配慮は、学ぼうとしている人が学びから排除されないようにするための便宜である。学びからの排除には、さまざまな様態がある。情報面での排除だけでなく、車いす利用者が施設のバリアによって学習機会にアクセスできないといった物理的な排除や、学習者グループから仲間外れにされるといった関係からの排除もある。

また、同じ状況の人が必ずしも同じように排除されるわけではない。同じ外国の出身者でも、日本語の能力に差異があって当然である。どのような、あるいはどの程度の便宜が必要であるかということは、自明ではないことが多いのである。

例えば発達障害者のなかには、感覚過敏のために困っている人たちもいる。ホワイトボードがまぶしくて板書の文字が読めないとか、多くの人の声が入り混じるグループワークのような環境では他者の意見を聞き取ることができないなどといったケースは、意外と多い。そうした排除要因を取り除くためには、本人としっかりコミュニケーションを取らなければならない。

しかし、必要な便宜を尽くそうとしても、お金の問題や人の問題などによって、うまくいかない場合もある。例えば手話通訳が必要とする人がいても、通訳者を探すことができなかったり、通訳者を雇用する財源がなかったりといったこともある。そういった場合でも、学習者と対話を通して相互に納得できる便宜を決めていかなければならない。ノートテイクや要約筆記ではどうか、他に手段はないか、といった対話は、相互に認識の変更を迫る契機となりえる。

このように合理的配慮は、多くの場合、便宜の方法や内容について関係者が納得する地点を探るための対話を必要とするのである。この対話は、相互理解を前進させ、共に生きる社会に近づくために避けて通ることのできない学びの契機を含んでいる。

3　共に生きるための学び

多様な人たちが、差異を認めあいながら共に生きていくことができる社会という理念は、さまざまな社会のレベルで共有されてきている。人、モノ、カネ、情報の流れが地球規模で加速するなか、そのような社会をめざさなければ持続的な発展はあり得ないと考えられている。さらに日本社会においては、少子高齢社会の先に人口減少社会が見えてきており、社会の成熟のあり方としても共生社会の実現が求められるようになってきた。生涯学習の領域でも、「共に生きるための学び」は重要な柱である。私たちは、学びを通して他者と共に生きていくことができるようになることが求められている。

人種、民族、国籍、文化、ジェンダー、年齢、障害、経済格差などによって、さまざまな分断がある社会において、共に生きるための学びが果たす役割は大きい。社会的分断の大きな社会では、異質な他者と出会う機会が限られる。例えば、外国人、ＬＧＢＴ、障害者といったマイノリティグループに属する人たちと出会う機会がないと答える学習者は多い。出会う機会がなければ、問題意識ももつことができないし、理解を深めることも難しい。そこで、共に生きるための学びの契機になるように、異質性の高い人たちが出会う機会が意図的につくりだされることもある。エスニック料理を作って食べるなどの異文化交流プログラムや、障害者が働く喫茶コーナーなどが典型例である。

また、異質な他者を深く理解するためには、知識だけでなく体験を伴う必要があるという考え方もある。車いす体験、高齢者疑似体験、妊婦体験といったプログラムも開発されている。確かに、五感を使って学ぶことによって、認識変容が起こりやすくなる。しかしその一方で、車いす体験をした学習者が「車いす利用者はかわいそうだ」という認識を強化してしまうなど、他者に対して自文化中心的な意味づけがなされる危険も指摘されている。体験学習においては、車いす体験と車いす利用者自身による語りを組み合わせるなど、他者の意味世界を知るための工夫がなされるべきだとされる。

共に生きるための学びは、共に生きることができてこなかった人たちとの関係性変容を伴う学びだともいえる。文化、生活様式、価値観、行動などの違いは、容易に衝突をもたらす。ゴミの出し方をめぐる外国人と日本人との住民間トラブル、公共交通機関におけるベビーカーや車いす利用者への冷たい視線、通常学級において障害児が抱える困難など、衝突はさまざまなところにあり、その結果として排除が起こっている。共に生きるための学びは、こうした衝突をめぐる学びでもある。衝突をどう避けるか、衝突をどのように解決するか、衝突から何を学ぶかということが、共に生きるための学びの核心だといってもよいだろう。

4　エンパワメントと学び

社会から排除されてきた人たちには、よりよく生きていくために学ぶ権利がある。あらゆる学習機会が、排除されてきた人たちによって活用されなければならないが、実際にはいかなる学習機会も、誰かを排除することによって成り立っている。社会から排除されてきた人たちの多くは、生涯学習機会からも排除されているのである。

そのような認識に基づいて、インクルーシヴな生涯学習の実現に近づく努力をしていくことが求められる。学習機会提供者が排除されてきた人たちの学びを組織化していく方向として、次の二つに整理できるのではないか。排除されてきた人たちに対して通常の学習機会を開いていく努力を重ねること、そして排除されてきた人たちのエンパワメントに向けた学習機会を提供することである。

エンパワメントは、排除されてきた人たち自身がもっている問題解決の力を引き出そうとする働きかけである。自分自身について語ることができるようになること、そのために自己や他者についての認識を深め、語るための言葉を獲得し、制度や社会資源を使いこなせるようになることなど、エンパワメントは学びの過程を内在している。こうした過程を支援する学習機会を提供することによって、対話の機会を増やし、合理的配慮を社会に根づかせ、インクルーシヴな社会の基盤を形成に寄与することができる。

排除されてきた人たちは、満たされていない学習ニーズを多様にもっている。一歩でも先に進むために学習機会提供者が選ぶことのできる選択肢は多い。その分、やりがいのある領域であるということもできる。多くの学習機会提供者が、排除の問題と向き合い、対話に基づく相互学習の種を撒いていくことが、まずは求められている。

〈参照文献〉
・「特集：合理的配慮は福祉教育・ボランティア学習を生み出すか」、『日本福祉教育・ボランティア学習学会研究紀要』33号、２０１９年。
・津田英二『物語としての発達―文化を介した教育』、生活書院、２０１２年。
・日本社会教育学会『社会的排除と社会教育』、東洋館出版社、２００６年。

つだ・えいじ＝神戸大学人間発達環境学研究科教授
（『月刊社会教育』２０２０年4月号一部修正）

編者紹介

小林　繁（こばやし　しげる）

明治大学文学部教授。専門は社会教育。

主な著書に、『君と同じ街に生きて』（編著、れんが書房新社、1995年）、『学びのオルタナティヴ』（編著、れんが書房新社、1996年）、『この街がフィールド』（編著、れんが書房新社、1998年）、『学びのトポス／社会教育計画論』（クレイン、2000年）、『学びあう「障害」』（編著、クレイン、2001年）、『現代社会教育／生涯学習と社会教育職員』（クレイン、2008年）、『障害をもつ人の学習権保障とノーマライゼーションの課題』（れんが書房新社、2010年）、『地域福祉と生涯学習』（編著、現代書館、2012年）などがある。

松田泰幸（まつだ　ひろゆき）

「月刊社会教育」編集委員。同誌シリーズ「障がいをもつ人々の学びを保障する」担当。障害当事者の本人活動の会「とびたつ会」（東京都町田市）支援者。元町田市公民館職員（1990～2001、2012～2018）。

「月刊社会教育」編集委員会

1957年創刊。市民の手による市民のための社会教育総合誌。

障害をもつ人の生涯学習支援

インクルーシヴな学びを求めて〈24の事例〉

2021年7月25日　初版第1刷発行

編　集　小林　繁・松田泰幸・「月刊社会教育」編集委員会

装　丁　ランドリーグラフィックス

発行者　木内洋育

発行所　株式会社 旬報社

〒162-0041 東京都新宿区早稲田鶴巻町544 中川ビル4F

Tel03-5579-8973　Fax03-5579-8975

ホームページ　http://www.junposha.com/

印刷製本　シナノ印刷

© Shigeru Kobayashi et al., 2021, Printed in Japan

ISBN 978-4-8451-1704-8